BALADA DEL VIEJO MARINERO
Y OTROS POEMAS

SAMUEL TAYLOR COLERIDGE

BALADA DEL VIEJO MARINERO Y OTROS POEMAS

Introducción de Harold Bloom

Selección y traducción literal de
Jose María Martín Triana

VISOR LIBROS

VOLUMEN CXXVIII DE LA COLECCIÓN VISOR DE POESÍA

6.ª edición, 2007

Título original: *The ring of the Ancient Mariner,* 1797

Cubierta: Alberto Corazón

Isaac Peral, 18 - 28015 Madrid
www.visor-libros.com

ISBN: 978-84-7522-128-1
Depósito Legal: M. 48.970-2007

Impreso en España - *Printed in Spain*
Gráficas Muriel. C/ Buhigas, s/n. Getafe (Madrid)

SAMUEL TAYLOR COLERIDGE (1772-1834)

Coleridge, hijo menor de los catorce que tuvo un pastor protestante provinciano, fue un niño precoz y solitario, que constituyó casi un reto para su propia familia. Desde muy temprano, soñador y (como él mismo se definía) todo un *carácter*, perdió a su padre —quien le adoraba sobre todos los hermanos— cuando sólo tenía nueve años de edad. Poco después de esta pérdida, el *Christ's Hospital*, de Londres, le acoge; excelente colegio que le proporcionaría la educación intelectual que precisaba, así como la amistad eterna del futuro ensayista Charles Lamb. Pronto sintió la llamada de la poesía y se enamoró profundamente de «Mary Evans, hermana de un compañero del colegio, pero aquel amor acabó en el vacío».

En el *Jesus College*, de Cambridge, Coleridge continuó sus estudios superiores, etapa de su vida que comenzó muy bien, pero, debido a su temperamento, que le hacía rechazar la disciplina académica, no destacó en aquéllos. Opta por huir de Cambridge, cargado de deudas, y se alista en el cuerpo de caballería, bajo el imperecedero nombre de *Silas Tomkyn Comberbacke,* aunque no era capaz de sostenerse sobre la cabalgadura. Sin embargo, prueba su utilidad con sus compañeros dragones como redactor de misivas amorosas; se le asigna la labor de limpiar los establos, pero, finalmente, el cuerpo permite que sus hermanos lo rediman pagando cierta cifra por su liberación de tal servicio. Vuelve a Cambridge, pero su característico complejo de culpabilidad no le permite realizar ninguna labor académica de provecho. Cuando abandona Cambridge, en 1794, lo hace sin haberse graduado.

Joven poeta sin un céntimo, con pensamientos de carácter político muy radicales, se hace íntimo amigo de Robert Southey, por entonces poeta también muy radical, y recordado hoy día como el *Conservador Laureado,* maltratado constantemente por los versos satíricos de Byron. Como nuestros jóvenes contemporáneos amigos de las columnas, Coleridge y Southey proyectan lo que ellos bautizaron con el nombre de *Pantisocracia.* Acompañados de las doncellas ideales para tal plan, y de otros espíritus elegidos, fundarían una colonia comunista, de carácter agrario-literario, a las orillas del río Susquehanna, en el exótico estado norteamericano de Pennsylvania. Bajo el acicate de Southey, Coleridge se compromete pantisocráticamente con la no muy inteligente miss Sara Fricker, con cuya hermana Southey estaba a punto de casarse. La pantisocracia murió al nacer, y Coleridge abrió los ojos a tiempo para comprobar que se había casado con la persona menos adecuada para él, lo cual constituiría la mayor desgracia de toda su vida.

Entonces recurrió a Wordsworth, a quien conociera en 1795. La poesía de Coleridge influenció la de Wordsworth y le ayudó a conseguir su estilo característico. No es muy atrevido decir que la poesía de Coleridge desapareció absorbida por la de Wordsworth. Hoy día recordamos a las *Lyrical Ballads* (1798) como obra de Wordsworth; sin embargo, un tercio de su contenido fue escrito por Coleridge, y *Tintern Abbey,* cima del libro, con la excepción de *The Ancient Mariner,* le debe muchísimo a *Frost at Midnight,* de Coleridge.

Tampoco existen muchos testimonios de que Wordsworth admirase o animase la poesía de su amigo; sobre *The Ancient Mariner,* sus opiniones siempre dejan ver un gran resentimiento, y se sintió desconcertado (aunque de forma inevitable) con *Dejection: An Ode* y *To William Wordsworth.* Generoso en lo tocante a las obras de Wordsworth, Coleridge tuvo que sufrir el desdén de su amigo más íntimo, sobre sus propias ambiciones poéticas.

No es fácil ser honrado en tal asunto, pues la literatura, por necesidad, es tanto cuestión de personalidad como de carácter. Coleridge, como Keats (y como Shelley, para ciertos lectores), es digno de ser amado. Byron, siempre es, por lo menos, fascinante, y Blake, en su solitaria magnificencia, es héroe de la imaginación. Pero la personalidad de Wordsworth, como la de Milton o Dante, no estimula el afecto del lector normal hacia el poeta. Coleridge tiene, como observó Walter Pater, un «encanto peculiar»; parece como si se hubiera entregado a los mitos del fracaso, lo cual es asombroso cuando se tiene en cuenta la totalidad de su obra.

Sin embargo, son su vida y el autoabandono de sus ambiciones poéticas, que continuamente nos convencen de la necesidad de hallar en él parábolas del fracaso del genio. Sus mejores poemas fueron escritos en el año y medio en que veía diariamente a Wordsworth (1797-1798); sin embargo, hasta sus mejores poemas, con la única excepción de *The Ancient Mariner,* son fragmentarios. Su forma de vida es también fragmentaria. Cuando recibió la pensión que le asignó la familia Wedgwood, dejó a Wordsworth y a la hermana de éste, Dorothy, para marcharse a estudiar alemán y filosofia a Alemania (1798-1799). Al poco tiempo de regresar empezaron los miserables años de su madurez, aunque sólo tenía entonces veintisiete años. Se fue a vivir cerca de los Wordsworth, de nuevo, y se enamoró perdidamente, y de forma permanente y desgraciada, de Sara Hutchinson, con cuya hermana, Mary, se casaría Wordsworth en 1802. El mismo matrimonio de Coleridge fue un desastre, y su salud empeoró rápidamente, debido, quizá, a motivos psicológicos. Para poder hacerle frente al dolor, empezó a beber láudano, del cual se volvió adicto, vicio que nunca pudo arrancar totalmente de su ser. En 1804, buscando un clima más propicio para su salud, se marchó a Malta, pero a su regreso, dos años más tarde, se encontró en el peor momento de su vida. Tras separarse de su mujer, se fue a vivir a Londres, donde comenzó una nueva vida profesional como conferenciante, redactor de periódicos y escritor capaz de tratar cualquier tema por encargo, mientras sus miserias aumentaban. Tras la inevitable ruptura con Wordsworth de 1810, vino la reconciliación ostensible de 1812, pero la amistad real no volvió a surgir hasta 1828.

Desde 1816 en adelante, Coleridge vivió en la casa de un médico, James Gillman, único medio que le permitía seguir trabajando, evitando así el colapso total. Envejecido prematuramente, acabada su poesía, Coleridge comienza su última fase de creador, como crítico y filósofo, etapa de la cual depende su importancia histórica; pero la misma, como sus primeros logros en prosa, no deben tratarse en una introducción a su poesía. Nos queda por preguntar cuál fue su verdadero logro como poeta, y a pesar de su carácter excepcional, por qué cesó de escribir poesía después de 1807. Wordsworth siguió cultivando los versos después de 1807, aunque la mayoría sean en realidad muy malos. Los pocos poemas que Coleridge escribió después de sus treinta y cinco años son importantes, pero ocasionales. ¿No sería que le fallaría el deseo poético, ya que sus fuerzas imaginativas siempre se mantuvieron frescas?

Las grandes ambiciones poéticas de Coleridge incluían la creación de una obra épico-filosófica sobre el origen del mal, y una secuencia de himnos al Sol, la Luna y los elementos. Estas ilustres intenciones fueron muriendo lenta pero definitivamente, y se vieron sustituidas por el sueño de un opus maximum filosófico, obra enorme que sintetizaría y reconciliaría la filosofía idealista alemana con las verdades ortodoxas del cristianismo. Aunque sólo llegó a redactar fragmentos de la misma, ocupó su tiempo en otros temas: especulaciones sobre teología, teoría política y ensayos críticos que han tenido una profunda influencia en el pensamiento conservador británico de la era victoriana, y, de forma distinta, en el trascendentalismo norteamericano, cuyos líderes fueron Emerson y Theodore Parker.

Los reales logros de Coleridge en la poesía se dividen en dos grupos notablemente distintos, lo cual es sorprendente, pues ambos ocurren casi de forma simultánea. El grupo demoniaco, por fuerza el más famoso, formado por la trilogía de *The Ancient Mariner, Christabel y Kubla Khan.* El grupo conversacional incluye los llamados poemas-conversación, de los cuales *The Eolian Harp* y *Frost at Midnight* son los más importantes, así como la desigual oda *Dejection* y *To William Wordsworth.* Los postreros fragmentos *Limbo* y *Ne Plus Ultra* marcan una especie de retorno del modo demoniaco. El que sólo nos interesen de verdad nueve poemas de un poeta tan dotado como Coleridge es una lástima, pero la singularidad de estos dos grupos nos compensan un poco de la brevedad del canon.

Los poemas demoniacos rebasan el censor ortodoxo creado por los mismos temores morales de Coleridge, con los cuales intentaba atar sus propios impulsos imaginativos. Le da unión al grupo una forma de búsqueda mágica que se fija como meta la reconciliación entre la autoconsciencia del poeta y una forma más ilustre del ser, unida a un perdón divino, pero esta reconciliación, por fortuna, se halla más allá de la frontera de estos poemas. El *marinero* consigue un estado de purga, pero no puede ir más allá de este proceso. *Christabel* es violada por *Geraldine,* pero ello también es una purga, más que una condena, ya que su total inocencia es su único defecto. El mismo Coleridge, en el momento más intenso de toda su poesía, se ve tentado de asumir el estado de un renacimiento de *Apolo:* el joven de ojos relampagueantes y cabellos al viento, de *Kubla Khan,* pero se aleja de la visión que tiene del paraíso el poeta, al juzgarlo sólo como otro purgatorio.

El grupo *conversacional,* aunque tremendamente diferente en atmósfera, nos habla más directamente de un tema parecido: el deseo de volver al hogar, no hacia el pasado, sino a lo que Hart Crane hermosamente nombró «una infancia perfeccionada». Cada uno de estos poemas, como los del grupo demoniaco, linda con una especie de redención purgatoria, sufrida en beneficio de otra persona, en la cual Coleridge, tiene que sufrir o fracasar, de forma que la persona a quien él ame se beneficie y logre la alegría. Hay una implicación sumisa de que, de alguna forma, el poeta, con todo, será aceptado en su verdadero hogar, de este lado de la tumba, si puede perfeccionar esta redención.

Cuando Wordsworth, con su fuerza primordial, domina el mundo subjetivo y ayuda a sus lectores en tan difícil sentimiento, Coleridge, deliberadamente, corteja la derrota por la subjetividad y se contenta con ser confesional. Pero, aunque él no puede ayudarnos a sentir, como sí lo hace Wordsworth, en cambio, nos deja entender cuán profundamente sentida era su interpretación de la realidad. Aunque, en cierta forma, su poesía es un testamento de la derrota, un someterse a la ansiedad de las influencias y al temor de la autoglorificación, es uno de los testamentos más emocionantes y perennes que la literatura nos ha legado.

HAROLD BLOOM

BALADA DEL VIEJO MARINERO

THE RIME OF THE ANCIENT MARINER

PART OF THE FIRST

It is an ancient Mariner,
And he stoppeth of three.
—By thy long grey beard and glittering eye,
Now wherefore stopp'st thou me?

An ancient Mariner meeteth three Galants bidden to a wedding-feast, and deaineth one.

«The Bridegroom's doors are opened wide,
And I am next of kin;
The guests are met, the feast is set:
May'st hear the merry din.»

He holds him with his skinny hand,
—There was a ship, quoth he.
—Hold off! unhand me, greybeard loon!
Eftsoons his hand dropt he.

He holds him with his glittering eye…
The wedding-guest stood still,
And listens like a three years' child:
The Mariner hath his will.

The wedding-guest is spell-bound by the eye of the old sea-faring man, and constrained to hear his tale.

The wedding-guest sat on a stone:
He cannot choose but hear;
And thus spake on that ancient man,
The bright-eyed mariner.

LA RIMA DEL ANCIANO MARINERO

I

Es un anciano marinero,
de tres mozos a uno detiene.
—Por tu larga barba gris y ojos brillantes,
¿por qué, pues a mí me detienes?

Un anciano marinero encuentra a tres galanes invitados a una boda y detiene a uno.

«De par en par las puertas del hogar del novio,
y yo soy el pariente más cercano;
han llegado los invitados y la fiesta lista:
oír puedes la alegre jarana.»

Con su mano flaca le sujeta.
—Había un barco, dijo él.
—¡Quédate ahí, suéltame, bribón de barba gris!
Y, en seguida, caer dejó la mano.

Con los ojos brillantes le sujeta...
El invitado se quedó quieto,
y escucha como un niño de tres años:
así hace su voluntad el marinero.

El invitado es hechizado por los ojos del viejo marinero y se ve obligado a escuchar su cuento.

Sobre una piedra sentóse el invitado:
otra cosa no puede hacer sino escuchar;
y así habló el anciano hombre,
el marinero de ojos brillantes.

—The ship was cheered, the harbour cleared,
Merrily did we drop
Below the kirk, below the hill,
Below the lighthouse top.

«The sun came up upon the left,
Out of the sea came he.
And he shone bright, and on the right
Went down into the sea.

The Mariner tells how the ship sailed southward with a good wind and fair weather, till it reached the line.

»Higher and higher every day,
Till over the mast at noon...»
The Wedding-Guest here beat his breast,
For he heard the loud bassoon.

The bride hath paced into the hall,
Red as a rose is she;
Nodding their heads before he goes
The merrily minstrelsy.

The weeding-guest heareth the bridal music; but the mariner continueth his tale.

The Wedding-Guest he beat his breast,
Yet he cannot choose but hear;
And thus spake on that ancient man,
The bright-eyed Mariner.

—And now the Storm-blast came, and he
Was tyrannous and strong:
He struck with his o'ertaking wings,
And chased us south along.

The ship drawn by a storm toward the south pole.

—Aclamado fue el barco, atrás el puerto,
alegremente pasamos
por debajo de la iglesia, bajo la colina,
por debajo del tejado del faro.

«El sol salía por la izquierda,
del mar él salía.
Y brillaba reluciente, y por la derecha
al mar se volvía.

El marinero narra cómo el barco navegó hacia el sur con buen viento y hermoso clima, hasta que llegó al Ecuador.

»Más alto y más alto cada día,
hasta encontrarse sobre el mástil al mediodía...»
Entonces el invitado se golpeó el pecho
porque escuchó el ruidoso fagot.

La novia ha entrado en la iglesia,
sonrosada como una rosa está;
saludando con la cabeza ante ella van
los alegres trovadores.

El invitado escucha la música nupcial; pero el marinero continúa su cuento.

El invitado se golpea el pecho,
pero otra cosa no puede hacer sino escuchar;
y así continuó el anciano hombre,
el marinero de ojos brillantes.

—Y entonces llegó la ráfaga de la tormenta,
y era poderosa y tiránica:
golpeó con sus alas atrapadoras,
y nos persiguió hacia el sur.

El barco es arrastrado por una tormenta hacia el Polo Sur.

«With sloping masts and dipping prow,
As who pursued with yell and blow
Still treads the shadow of his foe
And forward bends his head,
The ship drove fast, loud roared the blast,
And southward ay we fled.

»And now there came both mist and snow
And it rew wondrous cold:
And ice, mast-high, came floating by,
As green as emerald.

The land of ice, and of fearful sounds, where no living thing was to be seen.

»And through the drifts the snowy clifts
Did send a dismal sheen:
Nor shapes of men nor beasts we ken…
The ice was all between.

»The ice was here, the ice was there,
The ice was all around:
It cracked and growled, and roared and howled,
Like noises in a swound!

»At length did cross an Albatross:
Thorough the fog it came;
As if it had been a Christian soul,
We hailed it in God's name.

Till a great sea-bird, called the Albatross, came through the snow-fog, and was received with great joy and hospitality.

»It ate the food it ne'er had eat,
And round and round it flew.
The ice did split with a thunder.fit;
The helmsman steered us through!

«Con mástiles inclinados y proa sumergida,
como quien perseguido con gritos y golpes,
aún pisa la sombra de su enemigo,
y hacia adelante inclina la cabeza,
el barco raudo andaba, fuerte rugía el viento,
y hacia el sur siempre huimos.

»Y juntas llegaron niebla y nieve
e hizo un frío asombroso:
y el hielo, alto como el mástil, llegó flotando,
tan verde como esmeralda.

La tierra del hielo y de los espantosos ruidos, donde no se veía cosa viviente.

»Y en medio de las corrientes los acantilados nevados
enviaban un resplandor lúgubre:
ni formas de hombres ni de bestias vimos…
El hielo nos rodeaba.

»Había hielo por aquí, había hielo por allí,
había hielo por todas partes:
crujía y gruñía, y rugía y aullaba,
como los ruidos que oímos en un desmayo.

»Por fin llegó un albatros:
a través de la niebla vino;
como si fuera un alma cristiana,
en nombre de Dios le saludamos.

Hasta que una gran ave llamada albatros llegó a través de la niebla y la nieve y fue recibida con gran júbilo y hospitalidad.

»Comió la comida que nunca había comido,
y voló dando vueltas y vueltas.
El hielo se quebró con la convulsión del trueno;
por allí, el timonel nos guió.

»And a good south wind sprung up behind;
The Albatross did follow,
And every day, for food or play,
Came to the mariner's hollo!

And lo! the albatross proveth a bird of good omen, and followeth the ship as ir returned northward through fog and floating ice.

»In mist or cloud, on mast or shroud,
it perched for vespers nine;
Whiles all the night, through fog-smoke white,
Glimmered the white moonshine.»

«—God save thee, ancient Mariner!
From the fiends, that plague thee thus!
Why look'st thou so? —With my cross-bow
I shot the Albatross.

The anciente Mariner inhospitability killeth the pious bird of good omen.

»Y un buen viento del sur se levantó por detrás;
el albatros nos seguía,
y cada día, por comida o diversión,
acudía al saludo del marinero.

Y ved que el albatros es un pájaro de buen agüero y sigue al barco, mientras volvía al Norte, entre la niebla y los hielos flotantes.

»Con nieblas o nubes, sobre mástil u obenques,
se posó durante nueve atardeceres;
mientras todas las noches, entre el blanco humo
    de la niebla,
rielaba la blanca luz de la luna.»

«—¡Dios te salve, anciano marinero,
de los demonios que así te atormentan!
Pero, ¿por qué me miras así? —Con mi ballesta
muerte di al albatros.

El anciano marinero, inhospitalariamente, mata al piadoso pájaro de buen agüero.

»The Sun now rose upon the right:
Out of the sea came he,
Still in mist, and on the left
Went down into the sea.

»And the good south wind still blew behind,
But no sweet bird did follow,
Nor any day for food or play
Came to the mariner's hollo!

»And I had done an hellish thing,
And it would work 'em woe:
For all averred, I had killed the bird
That made the breeze to blow.
—Ah wretch! said they, the bird to slay,
That made the breeze to blow!

His shipmates cry out against the ancient Mariner, for killing the bird of good luck.

»Nor dim nor red, like God's own head,
The glorious Sun uprist:
Then all averred, I had killed the bird
That brought the fog and mist.
—Twas right, said they, such birds to slay,
That bring the fog and mist.

But when the fog cleared off, they justify the same, and thus make themselves accomplices in the crime.

»The fair breeze blew, the white foam flew,
The furrow followed free;
We were the first that ever burst
into that silent sea.

The fair breeze continues; the ship enters the Pacific Ocean and sails northward, even till it reaches the Line. The ship hath been suddenly becalmed.

II

»Entonces el sol surgió por la derecha:
del mar él salía,
aún escondido en la niebla, y por la izquierda
al mar se volvía.

»Y el buen viento del sur soplando seguía detrás,
pero ningún dulce pájaro nos seguía,
ni ningún día por comida o diversión
acudía al saludo del marinero.

»Yo había hecho algo diabólico
que les acarrearía desgracia:
pues todos afirmaban que había matado al ave
que hizo que la brisa soplase.
—¡Ah, miserable!, decían, por matar al ave
que hizo que la brisa soplase.

Y sus compañeros, vociferan contra el anciano marinero por haber matado al pájaro de buen agüero.

»Ni oscuro ni rojo, como la misma cabeza
de Dios,
ascendió el sol glorioso;
entonces todos afirmaron que yo había matado
al ave
que trajo la niebla y la bruma.
—Hizo bien, decían, en matar a tal ave
que trae la niebla y la bruma.

Pero cuando despeja la niebla, lo justifican y así se convierte en cómplices del crimen.

»Sopló la buena brisa, corrió la blanca espuma,
siguió libre la estela;
éramos los primeros que jamás irrumpieran
en aquel mar callado.

Continúa la buena brisa; el barco entra en el océano Pacífico y navega rumbo al Norte, hasta que llega al Ecuador. De pronto, el barco se detiene.

»Down dropt the breeze, the sails dropt down,
Twas sad as sad could be;
And we did speak only to break
The silence of the sea!

»All in a hot and copper sky,
The bloody Sun, at noon,
Right up above the mast did stand,
No bigger than the moon.

»Day after day, day after day,
We stuck, nor breath nor motion:
As idle as a painted ship
upon a painted ocean.

»Water, water, everywhere,
And all the boards did shrink;
Water, water, everywhere,
Nor any drop to drink.

And the Albatross begins to be avenged.

»The very deep did rot: O christ!
That ever this should be!
Yea, slimy things did crawl with legs
upon the slimy sea.

»About, about, in reel and rout
The death-fires danced at night;
The water, like a witch's oils
Burnt green, and blue and white.

»Se detuvo la brisa y las velas cayeron,
era tan triste como triste podía ser;
y sólo hablábamos para romper
el silencio del mar.

»En un cielo caliente y cobrizo,
a mediodía, el sol maldito.
Sobre el mástil se erguía,
no mayor que la luna.

»Día tras día, día tras día,
aguantamos, sin movimiento ni soplo:
tan ociosos como un barco pintado
sobre un pintado océano.

»Agua, agua, por todas partes,
y todas las provisiones se redujeron;
agua, agua, por todas partes,
para beber ni una gota.

Y el albatros empieza a ser vengado.

»El mismo abismo se corrompía: ¡Oh, Cristo!
¡Que tal cosa llegase a suceder!
Si, seres resbalosos se arrastraban con sus patas
por aquel mar resbaloso.

»En círculos, en círculos, en rondas y agitados
de noche danzaban los fuegos de San Telmo;
el agua, como aceite de brujas,
verde, azul y blanco, ardía.

»And some in dreams assured were
Of the splrit that plagued us so;
Nine fathom deep he had followed us
From the land of mist and snow.

A spirit had followed them; one of the invisible inhabitants of this planet, neither departed souls nor angels; concerning whom the learned Jew, Josephus, and the Platonic Constantino-politan, Michael Psellus, may be consulted. They are very numerous, and there is no climate or element without one or more.

»And every tongue, through utter drought,
Was withered at the root;
We could not speak, no more than if
We had been choked with soot.

»Ah! well-a-day! what evil looks
Had I from old and young!
Instead of the cross, the Albatross
About my neck was hung.»

The shipmates, in their sore distress, would fain throw be whole guilt on the ancient Mariner: in sign where of they hang the dead seabird round his neck.

Y a algunos, en sueños, les afirmaban
del espíritu que así nos infectaba:
a nueve brazas en el abismo nos seguía
desde la tierra de la niebla y la nieve.

Un espíritu los seguía; uno de los invisibles habitantes de este planeta, que no son ni almas que se han ido ni ángeles sobre los que se puede consultar a Josefo, el sabio judío, y a Miguel Psellus, el platónico de Constantinopla. Son muy numerosos, y no hay clima ni elemento que no cuente con uno o más de estos espíritus.

»Y cada lengua, or aquella sed total,
marchitóse de raíz.
Hablar no podíamos, no más que si
el hollín nos hubiera ahogado.

»¡Ah! ¡Ay de mí! ¡Qué malditas miradas
recibía de jóvenes y viejos!
En vez de la cruz, el albatros
colgaron de mi cuello.»

Los compañeros, en su dura calamidad, estaban dispuestos a cargar toda la culpa sobre el anciano marinero, en señal de lo cual le cuelgan el ave muerta alrededor del cuello.

Part the third

«There passed a weary time. Each throat
Was parched, and glazed each eye.
A weary time! a weary time!
How glazed each weary eye,
When looking westward, I beheld
a something in the sky.

The ancient Mariner beholdeth a sign in the element afar off.

»At first it seemed a little speck,
And then it seemed a mist;
It moved and moved, and took at last
A certain shape, I wist.

»A speck, a mist, a shape, I wist!
And still it neared and neared:
As if it dodged a water-sprite,
It plunged and tacked and veered.

With throats unslaked, with black lips baked,
We could not laugh nor wail;
Through utter drought all dumb we stood!
I bit my arm, I sucked the blood,
And cried, A sail! a sail!

At its nearer approach, it seemeth him to be a ship; and at a dear ransom he freeth his speech from the bonds of thirst.

»With throats unslaked, with black lips baked,
Agape they heard me call:
Gramercy! they for joy did grin,
And all at once their breath drew in,
As they were drinking all.

A flash of joy.

III

«Pasó un tiempo abrumado. Cada garganta
estaba reseca y vidrioso cada ojo.
¡Un tiempo abrumado! ¡Un tiempo abrumado!
Cuán vidrioso cada ojo abrumado;
cuando mirando a poniente contemplé
un algo en el firmamento.

El anciano marinero contempla una senal en el panorama lejano.

»Al principio pareció una mancha muy pequeña
y luego pareció niebla;
se movía y movía y, por fin, comprendí
que tomaba una cierta forma.

»¡Una manchita, niebla, una forma, comprendí!
y cada vez más y más se acercaba:
como si eludiese a una ondina,
se sumergía y viraba y giraba.

»Con gargantas apagadas, con negros labios
quemados,
no podíamos ni reír ni levantarnos;
por la total sed todos mudos estábamos.
Me mordí el brazo, chupé la sangre,
y grite: —¡Una vela! ¡Una vela!

A medida que se acerca, le parece un barco, y ante el ansiado rescate, libera su lengua de las ataduras de la sed.

»Con gargantas apagadas, con negros labios
quemados,
boquiabiertos me oyeron gritar:
¡Gracias, Dios mío! Qué muecas de júbilo,
y de pronto todos el aliento recobraron,
como si todos ya bebiesen.

Un relámpago de júbilo.

»See! See! (I cried) she tacks no more!
Hither to work us weal;
Without a breeze, without a tide,
She steadies with upright keel!

And horror follows. For can it be a ship that comes onward without wind or tide?

»The western wave was all a-flame.
The day was wellnigh done!
Almost upon the western wave
Rested the broad bright Sun;
When that strange shape drove suddenly
Betwixt us and the Sun.

»And straight the Sun was flecked with bars,
(Heaven's Mother send us grace!)
As if through a dungeon-grite he peered
With broad and burning face.

It seemeth him but the skeleton of a ship.

»Alas! (thought I, and my heart beat loud)
How fast she nears and nears!
Are those her *sails that glance in the Sun,*
Like restless gossameres!

And its ribs are seen as bars on the face of the setting Sun. The spectre-women and her deathmate, and no other on board the skeleton-ship.

»Are those her *ribs through which the Sun*
Did peer, as through a grate?
And is that Woman all her crew?
Is that a Death? and are there two?
Is Death that woman's mate?

»Her *lips were red,* her *looks were free,*
Her *locks were yellow as gold:*
Her *skin was as white as leprosy,*

Like vessel, like crew!

»¡Mirad! ¡Mirad! (grité) ¡Ya no vira!
Hacia aquí viene ara nuestro bien;
sin una brisa, sin una marea,
con quilla erguida se afianza!

Y sigue el horror, porque, ¿cómo puede haber un barco que avance sin viento ni marea?

»¡La ola de poniente era toda fuego,
el día casi se había acabado!
Casi sobre la ola de poniente,
descansaba el ancho y brillante sol;
cuando esa extraña forma, de pronto, se interpuso
entre sol y nosotros.

»Y con barrotes manchado vióse el sol
(¡Madre del Cielo, danos tu gracia!)
Como si desde la reja de un calabozo mirase
con ancho y ardiente rostro.

No le parece otra cosa sino el esqueleto de un barco.

»¡Ay (pensé, y el corazón me latía con fuerza),
cuán rauda se acerca y acerca!
¿Son esas *sus* velas que fulguran al sol,
como telarañas agitadas?

Y sus costillas las ve como barrotes sobre el rostro del sol poniente. La mujer-espectro y su compañera-muerte, y nadie más a bordo del barco-esqueleto.

»¿Son esas *sus* costillas, por las que el sol
escrutábanos, como desde una reja?
¿Y es esa mujer toda su tripulación?
¿Es esa la muerte? ¿O son dos, acaso?
¿Es la muerte la compañera de esa mujer?

»*Sus* labios eran rojos; sus miradas, desenvueltas;
sus rizos, amarillos eran como el oro:
su piel era tan blanca como la lepra,

¡Como navío, como tripulación!

The Nightmare Life-in-Death was she,
Who thicks man's blood with cold.

»The naked hulk alongside came,
And the twain were castin dice;
—The gime is done! I've won, I've won!
Quoth she, and whistles thrice.

Death and Life-in-Death have diced for the ship's crew, and she (the latter) winneth the ancient Mariner.

»The Sun's rim dips; the stars rush out:
At one stride comes the dark;
With far-heard whisper, o'er the sea,
Off shot the spectre-bark.

No twilight within the cours of the sun.

»We listened and looked sideways up!
Fear at my heart, as at a cup,
my life-blood seemed to sip!
The stars were dim, and thick the night,
The steersman's face by his lamp gleamed white;
From the sails the dew did drip…
Till clomb above the eastern bar
The horned Moon, with one bright star
Within the nether tip.

At the rising of the Moon.

»One after one, by the star-dogged Moon,
Too quick for groan or sigh,
Each turned his face with a ghasty pang,
And cursed me with his eye.

One after another.

era la pesadilla de la Vida-en-la-Muerte,
que espesa con frío la sangre del hombre.

»El desnudo casco nos pasó cerca,
y la pareja arrojaba los dados:
—¡Acabó el juego! ¡He ganado! ¡He ganado!
Dijo ella, y silba tres veces.

La muerte y la vida-en-la-muerte, se juegan a los dados la tripulación del barco, y la última gana al anciano marinero.

»El borde del sol se hunde; corren fuera las estrellas;
con paso largo llega la penumbra;
con murmullo escuchado de lejos, sobre el mar,
huyó el barco-espectro.

»Escuchamos y miramos al cielo y en torno.
Miedo en mi corazón, como de una taza,
parecía chupar la sangre de mi vida.
Oscuras estaban las estrellas y densa la noche,
la cara del timonel, junto a su luz, blanca,
    destellaba;
de las velas el rocío goteaba...
Hasta que vi sobre la barra de estribor
la luna creciente, con una estrella brillante
cerca de su punta inferior.

No hay crepúsculo dentro de los reinos del Sol.

Al salir la Luna

»Uno tras otro, bajo la luna seguida por la
    estrella,
demasiado rápido para gemir o suspirar,
cada uno volvió el rostro con un dolor horrible,
y con sus ojos me maldijo.

Unos detras de otros.

Four times fifty living men,
(And I heard nor sigh nor groan)
With heavy thump, a lifeless lump,
They dropped down one by one.

His shipmates drop down dead;

The souls did from their bodies fly,
They fled to bliss or woe!
And every soul, it passed me by,
Like the whizz of my cross-bow!

But Life-in-Death begins her work on the ancient Mariner.

»Cuatro veces cincuenta hombres vivos
(y no escuché ni suspiro ni gemido),
con pesado golpe, trozo sin vida,
fueron cayendo uno a uno.

Sus compañeros caen muertos.

»¡Las almas de sus cuerpos volaron,
volaron a la bendición o al infortunio!
¡y cada alma me pasó por el lado,
como el zumbido de mi ballesta!»

Pero la vida-en-la-muerte comienza su obra con el anciano marinero.

—I fear thee, ancient Mariner!
I fear thy skinny hand!
And thou art long, and lank, and brown,
As is the ribbed sea-sand[1].

The wedding-guest feareth that a spirit is talking to him:

I fear thee and thy glittering eye,
And thy skinny hand, so brown.
—Fear not, fear not, thou Wedding-Guest!
This body dropt not down.

But the ancient Mariner assureth him of his bodily life, and proceedeth to relate his horrible penance.

«Alone, alone, all, all alone,
Alone on a wide wide sea!
And never a saint took pity on
My soul in agony.

»The many men, so beatuyful!
And they all dead did lie:
And a thousand slimy things
Lived on; and so did I.

He despiseth the creatures of the calm.

»I looked upon the rotting sea,
And drew my eyes away;
I looked upon the rotting deck,
And there the dead men lay.

And envieth that they should live, and so many lie dead.

[1] *For two last lines of this stanza, I am indebted to Mr. Wordsworth. It was on a delightful walk from Nether Stowey to Dulverton, with him and his sister, in the Autumn of 1797, that this Poem was planned, and in part composed.*

IV

—¡Te temo, anciano marinero!
¡Temo tu flaca mano!
Pues eres alto y delgado y atezado
como los arenales, de surcos marcado[1].

El invitado teme que sea un espíritu el que le hable:

Te temo a ti y a tus ojos brillantes,
a tu flaca mano, tan atezada.
—No me temas, no me temas, invitado.
Que este cuerpo no cayó.

Pero el anciano marinero le asegura que sigue vivo, y procede a relatar su horrible penitencia.

«Solo, solo, siempre, siempre solo,
solo en el ancho, ancho mar,
y nunca un santo se apiadó
de mi alma en agonía.

»¡Tantos hombres, tan hermosos!
Y todos muertos descansaban:
y mil, mil seres resbalosos
seguían viviendo, y yo también.

Menosprecia las criaturas de la calma.

»Miré al mar podrido
y de él aparté los ojos;
miré a la cubierta podrida,
y allí los hombres muertos descansaban.

Y envidia que ellos vivan, y tantos hayan muerto.

---

[1] Me siento deudor de Mr. Wordsworth por los últimos versos de esta estrofa. Fue durante un delicioso paseo desde Nether Stowey hasta Dulverton, con él y su hermana, en el otoño de 1797, en que ideé este poema, y en parte lo compuse. *(Nota del autor.)*

»I looked to heaven, and tried to pray;
But or ever a prayer had gusht,
A wicked whisper came, and made
My heart as dry as dust.

»I closed my lids, and kept them close,
And the balls like pulses beat;
For the sky and the sea, and the sea and the sky
Lay like a load on my weary eye,
And the dead were at my feet.

»The cold sweet melted from their limbs,
Nor rot nor reek did they;
The look with which they looked on me
Had never passed away.

But the curse liveth for him in the eye of the dead men.

»An orphan's curse would drag to hell
A spirit from on high;
But oh! more horrible than that
Is a curse in a dead man's eye!
Seven days, seven nights, I saw that curse,
And yet I could not die.

»The moving Moon went up the sky,
And noWhere dld abide:
Softly she was going up,
And a star or two beside...

In his loneliness and fixedness he yearneth towards the journeying moon, and the stars that still sojourn, yet still move onward; and everywhere the blue sky belongs to them, and is their appointed rest, and their native country and their own natural homes, which they enter unannounced, as lords that are certainly expected and yet there is a silent joy at their arrival.

»Miré al cielo y traté de rezar;
pero antes de que hubiera devanado una oración,
oí un malvado murmullo, que hizo
a mi corazón tan seco como el polvo.

»Cerré los párpados y cerrados los mantuve,
y sus globos latían como pulsos;
porque el cielo y el mar y el mar y el cielo
yacían como un peso sobre mis ojos cansados,
y los muertos estaban a mis pies.

»De sus miembros se deshacía el sudor helado,
no estaban podridos ni olían:
la mirada con que me miraban
nunca se desvanecía.

Pero la maldición sigue viva para él, en los ojos de los hombres muertos.

»La maldición de un huérfano arrastraría al infierno
a un espíritu desde las alturas;
pero, ¡oh!, ¡más horrible que eso
es la maldición de los ojos de un muerto!
Siete días, siete noches, vi esa maldición,
y, sin embargo, morir no podía.

»La andante luna subió al cielo,
y en ningún sitio se quedaba:
suavemente seguía adelante,
con una o dos estrellas a su lado...

En su soledad e inmovilidad suspira por la Luna y las estrellas, que, quietas, viven y, sin embargo, se mueven, y en todas partes, el cielo azul les pertenece, y es su descanso señalado, y su país nativo, y su propio hogar natural, al que entran sin ser anunciadas, como señoras que son esperadas con certeza, y, no obstante, hay un júbilo callado con su llegada.

»Her beams bemocked the sultry main,
Like April hoar-frost spread;
But where the ship's huge shadow lay,
The charmed water burnt alway
A still and awful red.

»Beyond the shadow of the ship,
I watched the water-snakes:
They moved in tracks of shinning white,
And when they reared, the elfish light
Fell off in hoary flakes.

By the light of the moon he beholdeth God's creatures of the great calm.

»Within the shadow of the ship
I watched their rich attire:
Blue, glossy green, and velvet black,
They coiled and swam; and every track
Was a flash of golden fire.

»O happy living things! no tongue
Their beauty might declare:
A spring of love gushed from my heart,
And I blessed them unaware:
Sure my kind saint took pity on me.
And I blessed them unaware.

Their beauty and their happiness.

He blesseth them in his heart

»The selfsame moment I could pray;
And from my neck so free
The Albatross fell ofh, and sank
Like lead into the sea.»

The spell begins to break.

»Sus rayos se burlaban del mar tórrido,
como abril esparce la blanca escarcha;
pero donde la ancha sombra del barco reposaba,
el agua hechizada ardía siempre
con su constante y horrendo rojo.

»Más allá de la sombra del barco,
observaba las serpientes marinas:
movíanse en sendas de brillante blanco
y cuando se alzaban, la luz fantástica
caía en escamas blanquecinas.

A la luz de la Luna, contempla las criaturas de Dios, de la gran calma.

»A la sombra del barco
observaba sus ricos atuendos:
azul, refulgente verde y negro terciopelo;
se enrollaban y nadaban; y cada senda
era un relámpago de fuego dorado.

»¡Oh felices seres vivos! Ninguna lengua
afirmar puede vuestra belleza:
un manantial de amor saltaba de mi pecho,
y yo las bendecía sin cuidado:
sin duda mi buen patrón de mí se apiadaba,
y yo las bendecía sin cuidado.

Su belleza y felicidad.

Las bendice de corazón.

»En el mismísimo momento pude rezar;
y de mi cuello, muy libre,
cayó el albatros, y se hundió
como plomo en el mar.»

El hechizo empieza a romperse.

«Oh sleep! it is a gentle thing,
Beloved from pole to pole!
To Mary Queen the praise be given!
She sent the gentle sleep from Heaven,
That slid into my soul.

»The silly buckets on the deck,
That had so long remained,
I dreamt that they were filled with dew;
And when I awoke, it rained.

By grace of the holy Mother, the ancient mariner is refreshed with rain.

»My lips were wet, my throat was cold,
My garments all were dank;
Sure I had drunken in my dreams,
And still my body drank.

»I moved, and could not feel my limbs:
I was so light… almost
I thought that I had died in sleep,
And was a blessed ghost.

»And soon I heard a roaring wind:
It did not come anear;
But with its sound it shook the sails,
That were so thin and sere.

He hearth sounds and seeth strange sights and commotions in the sky and the element.

»The upper air burst into life!
And a hundred fire-flags sheen,
To and fro they were hurried about!

V

«¡Oh, el sueño es cosa amable,
querida de polo a polo!
¡Ofrezcamos la loa a María reina!
Ella envió el amable sueño desde el cielo,
que se escabulló dentro de mi alma.

»Los sencillos cubos de cubierta,
que tanto habían sobrado
soñé que llenos estaban de rocío,
y, cuando me desperté, llovía.

Por la gracia de la Santa Madre, el anciano marinero se refresca con la lluvia.

»Mojados estaban mis labios; mi garganta, fría;
todas mis ropas, húmedas;
seguro estaba de haber bebido en sueños,
y aún mi cuerpo bebía.

»Me moví y no pude sentir mis miembros:
era tan ligero... Casi
pensé que había muerto en el sueño,
y era un fantasma bendito.

»Y pronto oí un viento rugiente:
no venía de cerca;
pero con su sonido estremeció las velas,
que tan delgadas eran y gastadas estaban.

Oye sonidos y ve extrañas visiones y movimientos en el cielo y los elementos.

»¡El aire arriba estallaba de vida!
¡Y el resplandor de cien banderas de fuego,
de un lado a otro muy acuciadas!

And to and fro, and in and out,
The wan stars danced between.

»And the coming wind did roar more loud,
And the sails did sigh like sedge;
And the rain poured down from one black cloud;
The Moon was at its edge.

»The thick black cloud was cleft, and still
The Monn was at its side:
Like waters shot from some high crag,
The lightning fell with never a jag,
A river steep and wide.

»The loud wind never reached the ship,
Yet now the ship moved on!
Beneath the lightning and the Moon
The dead men gave a groan.

The bodies of the ship's crew are inspired, and the ship moves son;

»They groaned, they stirred, they all uprose,
Nor spake, nor moved their eyes;
It had been strange, even in a dream,
To have seen those dead men rise.

»The helmsman steered, the ship moved on;
Yet never a breeze up blew;
The mariners all 'gan work the ropes,
Where they were wont to do;
They raised their limbs like lifeless tools:
We were a ghastly crew.

Y de un lado a otro y de fuera a adentro,
entre ellas bailaban las pálidas estrellas.

»Y el viento que se acercaba rugía con más fuerza,
y las velas suspiraban como juncias;
y cayó la lluvia de una nube negra;
en su borde estaba la luna.

»Hendióse la espesa nube negra y aún
la luna seguía a su lado:
como aguas lanzadas desde un alto peñasco,
el rayo cayó sin nunca mellarse,
escarpado y ancho río.

»¡El fuerte viento nunca alcanzó al barco,
sin embargo, entonces el barco se movió!
Bajo el rayo y la luna,
los muertos dieron un gemido.

Los cadáveres de la tripulación del barco cobran vida, y el barco comienza a moverse.

»Gimieron, se agitaron, todos se levantaron,
ni hablaron ni movieron sus ojos;
hasta en el sueño, hubiera sido extraño
ver a aquellos muertos levantarse.

»El timonel guiaba, el barco avanzaba;
sin embargo, nunca sopló ninguna brisa;
todos los marineros empezaron a faenar con las
cuerdas;
desde donde estaban acostumbrados a hacerlo;
elevaron sus miembros como herramientas sin vida:
éramos una tripulación espectral.

»The body of my brother's son
Stood by me, knee to knee:
The body and I pulled at one rope,
But he said nought to me.»

but not by the souls of the men, nor by daemons of earth or middle air, but by a blessed troop of angelic spirits, sent down by the invocation of the guardian saint.

—I fear thee, ancient Mariner!
—Be calm, thou Wedding-Guest!
Twas not those souls that fled in pain,
Which to their corses came again,
But a troop of spirits blest:

«For when it dawned they dropt their arms,
And clustered round the mast;
Sweet sounds rose slowly through their mouths,
And from their bodies passed.

»Around, around, flew each sweet sound,
Then darted to the Sun;
Slowly the sounds came back again,
Now mixed, now one by one.

»Sometimes a-dropping from the sky
I heard the skylark sing;
Sometimes all little birds that are,
How they seemed to fill the sea and air
With their sweet jargoning!

»And now twas like all instruments,
Now like a lonely flute;
And now it is an angel's song,
That makes the heavens be mute.

»El cadáver del hijo de mi hermano
estaba junto a mí, rodilla con rodilla:
el cadáver y yo tirábamos de una cuerda,
pero no me decía nada.»

pero no gracias a las almas de los hombres ni a los demonios de la Tierra o del aire intermedio, sino por una bendita turba de espíritus angélicos, enviados por la invocación del santo patrón.

—¡Te temo, anciano marinero!
—¡Cálmate, invitado!
No eran aquellas almas que volaron en pena,
las que a sus cuerpos de nuevo volvían,
sino una turba de espíritus benditos:

Pues al amanecer dejaron caer sus brazos,
y apiñáronse alrededor del mástil;
de sus bocas, lentamente, se elevaron dulces sones,
y de los cuerpos de los muertos huyeron.

»Alrededor, alrededor voló cada dulce son,
y luego hacia el sol se lanzaba:
lentamente los sones de nuevo volvían,
ora mezclados, ora uno a uno.

»A veces, cayendo del cielo,
oía cantar a la alondra;
a veces a todos los pajarillos que existen,
¡cómo parecían llenar el mar y el aire
con su dulce guirigay!

»Y luego eran como todos los instrumentos,
y luego como una flauta solitaria,
y luego era una canción angélica,
que enmudeciera al cielo.

»It ceased; yet still the sails made on
A pleasant noise till noon,
A noise like of a hidden brook
In the leafy month of June,
That to the sleeping woods all night
Singeth a quiet tune.

»Till noon we quietly sailed on,
Yet never a breeze did breathe:
Slowly and smoothly went the ship,
Moved onward from beneath.

»Under the keel nine fathom deep,
From the land of mist and snow,
The spirit slid: and it was he
That made the ship to go.
The sails at noon left off their tune,
And the ship stood still also.

The lonesome spirit from the southpole carries on the ship as far as the line, in obedience to the angelic troop, but still requireth vengeance.

»The Sun, right up above the mast,
Had fixed her to the ocean:
But in a minute she gan stir,
Whit a short uneasy motion
Backwards and forwards half her length
With a short uneasy motion.

Then, like a pawing horse let go,
Whe made a sudden bound:
It flung the blood into my head,
And I fell down in a swound.

»Cesó, sin embargo, aún las velas hicieron
su agradable sonido hasta mediodía,
un ruido como de arroyo escondido
en el frondoso mes de junio,
que a los dormidos bosques todas las noches
cantase una sosegada melodía.

»Hasta el mediodía, calladamente, navegamos,
sin embargo, nunca sopló ninguna brisa;
lento y suavemente andaba el barco,
movido hacia adelante desde abajo.

»Bajo la quilla, a nueve brazas de profundidad,
desde la tierra de la niebla y la nieve,
se deslizaba el espíritu: y era él
uien hacía que el barco avanzase.
Las velas, al mediodía, dejaron su canto,
y también quieto quedóse el barco.

El espíritu solitario del Polo Sur lleva al barco hasta el Ecuador, obedeciendo a la turba angélica, pero aún exige venganza.

»El sol, justamente sobre el mástil,
lo había fijado al océano;
pero en un minuto empezó a agitarse
con un corto movimiento intranquilo:
hacia atrás y adelante la mitad de su longitud
con un corto movimiento intranquilo.

»Luego como un caballo piafador se encabrita,
el barco dio un súbito salto:
sentí que la sangre me subía a la cabeza,
y caí en un desmayo.

»How long in that same fit I lay,
I have not to declare;
But ere my living life returned,
I heard and in m soul discerned
Two voices in the air.

The Polar Spirit's fellow daemons, the invisible habitants of the element, take part in his wrong; and two of them relate, one to the other, that penance long and heavy for the ancient mariner hath been accorded to the Polar Spirit, who returneth southward.

»Is it he?'quoth one: —Is this the man?
By him who died on cross,
With his cruel bow he laid full low
The harmless Albatross.

»The spirit who bideth by himself
In the land of mist and snow,
He loved the bird that loved the man
Who shot him with his bow.

»The other was a softer voice,
As soft as honeydew:
Quoth he: —The man hath penance done,
And penance more will do.»

»Cuánto tiempo en ese ataque estuve,
no puedo afirmarlo:
pero antes de que mi viva vida volviese
escuché mi alma discernió
dos voces en el aire.

»—¿Es él? Una decía: —¿Es éste el hombre?
Por El que murió en la Cruz
con su cruel arco abatió para siempre
al inofensivo albatros.

»El espíritu que solitario vive
en la tierra de la niebla y la nieve,
él amaba al pájaro que amaba al hombre
que lo mató con su arco.

»La otra era una voz más suave,
tan suave como la miel primera:
dijo ella: -el hombre ha sufrido penitencia,
y más penitencia tendrá que sufrir.»

Los demonios compañeros del espíritu polar, los habitantes invisibles de los elementos, toman parte en su daño; y dos de ellos se cuentan la penitencia larga y pesada que el espíritu polar ha otorgado al anciano marinero, mientras aquél regresa al Sur.

«First Voice
—But tell me, tell me! speak again,
Thy soft response renewing:
What makes that ship drive on so fast?
What is the ocean doing?'

»Second Voice
—Still as a slave before his lord,
The ocean hath no blast;
His great bright eye most silently
Up to the Moon is cast…

»If he may know which way to go;
For she guides him smooth or grim
See, brother, see! how graciously
She looketh down on him.

»First Voice
—But why drives on that ship so fast
Without or wave or wind?'

The Mariner hath been cast into a trance; for the angelic power causeth the vessel to drive northward faster than human life could endure.

»Second Voice
—The air is cut away before,
And closes from behind.

»Fly, brother, fly! more high, more high!
Or we shall be belated:
For slow and slow that ship will go,
When the Mariner's trance is abated.

VI

«*Voz primera*
—Pero, dime, dime, habla de nuevo,
renueva tu suave respuesta:
¿qué hace que ese barco avance tan raudo?
¿Qué está haciendo el océano?

»*Voz segunda*
—Callado como esclavo ante su señor,
el océano no tiene ráfagas;
su gran ojo brillante en el mayor silencio,
hacia la luna está dirigido...

»Si él pudiera saber qué camino tomar,
pues ella le guía en calma o torva.
¡Mira, hermano, mira! Cuán graciosamente
baja la vista y le mira.

»*Voz primera*
—Pero, ¿qué empuja a ese barco tan raudo,
sin mares y sin viento?

El marinero ha caído en un enajenamiento, pues la fuerza angélica hace que la nave se dirija al Norte con una rapidez mayor que la que puede soportar la vida humana.

»*Voz segunda*
—Ante él se abre el aire
y se cierra por detrás.

»¡Vuela, hermano, vuela! ¡Más alto, más alto!
o llegaremos con retraso;
pues cada vez más lento irá ese barco,
cuando acabe el enajenamiento del marinero.

»—I woke, and we were sailing on
As in a entle weather:
Twas night, clam night, the Moon was high;
The dead men stood together.

The supernatural motion is retarded; the Mariner awakes, and his penance begins anew.

»All stood together on the deck,
For a charnel-dungeon fitter:
All fixed on me their stony eyes,
That in the Moon did glitter.

»The pang, the curse, whith which they died,
Had never passed away:
I could not draw my eyes from theirs,
Nor turn them up to pray.

»And now this spell was snapt: once more
I viewed the ocean green,
And looked far forth, yet little saw
Of what had else been seen:

The curse is finally expiated.

»Like one, that on a lonesome road
Doth walk in fear and dread.
And having once turned round walks on,
And turns no more his head;
Because he knows, a frighttful fiend
Doth close behind him tread.

»But soon there breathed a wind on me,
Nor sound nor motion made:
Its path was not upon the sea,
In ripple or in shade.

»—Desperté y navegábamos,
como con buen tiempo:
era de noche, noche calmada, la luna estaba alta,
y todos los muertos juntos seguían.

Se amaina el movimiento sobrenatural; el marinero se despierta y su penitencia comienza de nuevo.

»Todos seguían juntos en la cubierta,
y mejor hubieran estado en un calabozo sepulcral:
y todos me clavaban con sus ojos de piedra,
que a la luna brillaban.

»El tormento, la maldición, con que murieron,
no había desaparecido:
no podía apartar mis ojos de los suyos,
ni, alzándolos, hacer que rezasen.

»Y entonces se quebró este hechizo: de nuevo
vi el verde océano,
y miré bastante lejos, sin embargo, poco vi
que no fuera lo hasta entonces visto:

Finalmente, la maldición es expiada.

»Como alguien, que en solitario camino
anda con miedo y temor,
y tras volverse una vez, sigue adelante
y no vuelve más la cabeza;
pues sabe que un terrible demonio,
los talones le va pisando.

»Pero pronto sobre mí sopló una brisa,
que ni sonido ni movimiento hizo:
su senda no estaba sobre el mar,
ni en ondas ni en sombras.

»It raised my hair, it fanned my cheek
Like a meadow-gale of spring:
It mingled strangely with my fears,
Yet it felt like a welcoming.

»Swiftly, swiftly flew the ship,
Yet she sailed softly too:
Sweetly, sweetly blew the breeze:
On me alone it blew.

»Oh! dream of joy! is this indeed
The lighthouse to I see?
Is this the hill? is this the kirk?
Is this mine own countree?

And the ancient mariner beholdeth his native country.

»We drifted o'er the harbour-bar,
And I with sobs did pray:
O let me be awake, my god!
Or let me sleep alway.

»The harbour-bay was clear as glass,
So smoothly it was strewn!
And on the bat the moonlight lay,
And the shadow of the Moon.

»The rock shone bright, the kirk no less,
That stands above the rock:
The moonlight steeped in silentness
The steady weathercock.

»El pelo me levantó, me abanicó la mejilla
como una brisa de primavera:
mezclóse extrañamente con mis temores;
sin embargo, era como una bienvenida.

»Raudo, raudo volaba el barco,
sin embargo, también suavemente navegaba:
dulce, dulcemente soplaba la brisa:
sobre mí solo soplaba.

»¡Oh sueño de júbilo! ¿Es en realidad
el tejado del faro que veo?
¿Es ésta la colina? ¿Es ésta la iglesia?
¿Es éste mi país nativo?

Y el anciano marinero contempla su país nativo.

»Pasamos la barra del puerto,
y yo con sollozos rezaba:
¡Oh, que despierte, Dios mío!,
o que duerma para siempre.

»La rada del puerto límpida estaba, cual cristal,
¡tan lisamente extendida!
Y sobre la rada estaba la luna,
y la sombra de la luna.

»El peñón brillaba deslumbrante, no menos
la iglesia
que sobre el peñón está:
la luz de la luna impregnaba en silencio
la inmóvil veleta.

»And the bay was white with silent light,
Till rising from the same,
Full many shapes, that shadows were,
In crimson colours came.

The angelic spirits leave the dead bodies,

»A little distance from the prow
Those crimson shadows were:
I turned my eyes upon the deck:
Oh, Christ! what was I there!

and appear in their own forms of light.

»Each corse lay flat, lifeless and flat,
And, by the holy rood!
A man all light, a seraph-man,
On every corse there stood.

»This seraph-band, each waved his hand:
It was a heavenly sight!
They stood as signals to the land,
Each one a lovely light;

»This seraph-band, each waved his hand,
No voice did they impart;
No voice; but oh! the silence sank
Like music on my heart.

»But soon I heard the dash of oars,
I heard the Pilot's cheer;
My head was turned perforce away,
And I saw a boat appear.

»Y la rada estaba blanca de luz callada,
hasta que de sí misma eleváronse
muchas formas, que sombras eran,
cubiertas de colores carmesíes.

Los espíritus angélicos abandonan los cuerpos muertos.

»A poca distancia de la proa
estaban esas sombras carmesíes:
volví los ojos a la cubierta:
¡oh, Cristo! ¡Lo que allí vi!

y aparecen bajo sus propias formas luminosas.

»¡Cada cadáver estaba tieso, sin vida y tieso,
y por la Santa Cruz!,
¡un hombre todo luz, un hombre seráfico
sobre cada cadáver estaba!

»En este grupo seráfico, cada uno movía una
mano:
¡era una visión celestial!
Eran como señales a la tierra,
cada uno una luz hermosa;

»en este grupo angélico, cada uno movía una
mano,
ninguna voz ellos daban;
ninguna voz; pero, ¡oh!, se hundió el silencio
como música en mi pecho.

»Pero pronto oí el golpe de los remos,
oí el grito animado del piloto;
giré, a la fuerza, la cabeza,
y aparecer vi a un bote.

»The Pilot and the Pilot's boy,
I heard them coming fast:
Dear Lord in Heaven! it was a joy
The dead men could not blast.

»I saw a third-I heard his voice:
It is the Hermit good!
He singth loud his godly hymns
That he makes in the wood.
He'll shrieve my soul, he'll wash away
The Albatross's blood.»

»El piloto y el muchacho del piloto,
oí que raudos se acercaban:
¡amado Señor de los Cielos! Era una alegría
que los muertos no podían maldecir.
»Vi a un tercero; oí su voz:
¡es el buen ermitaño!
Con alta voz canta sus himnos piadosos
que escribe en el bosque.
Me confesará el alma y lavará
la sangre del albatros.»

«This Hermit good lives in that wood
Which slopes down to the sea.
How loudly his sweet voice he rears!
He loves to talk whith marineres
That come from a far countree.

The hermit of the wood.

»He keneels at morn, and noon, and eve:
He hath a cushion plump:
It is the moss that wholly hides
The rotted old oak-stump.

»The skif boat neared: I heard them talk,
—Why this is strange, I trow!
Where are those lights so many and fair,
That signal made but now?

»—Strange, by my faith! the Hermit said:
—And they answered not our cheer!
The planks look warped! and see those sails,

approacheth the ship with wonder.

How thin they are and sere!
I never saw aught like to them,
Unless perchance it were

»Brown skeletons of leaves that lag
My forest-brook along:
When the ivy-tod is heavy with snow,
And the owlet whoops to the wolf below,
That eats the she-wolfs young.

VII

«Este buen ermitaño vive en ese bosque
que baja hasta el mar.
¡Cuán alto su voz se eleva!
Le gusta hablar con marineros
que llegan de lejanos países.

El ermitaño del bosque.

»Se arrodilla por la mañana, y a mediodía, y de
noche:
tiene un cómodo almohadón:
es el musgo que completamente esconde
la podrida cepa del viejo roble.

»Se acercaba el esquife: hablar les oía:
—¡En verdad creo que esto es extraño!
¿Dónde están esas muchas luces tan hermosas,
que señal nos hicieron hace poco?

»—¡Extraño es, por mi fe! Dijo el ermitaño:
—¡Y no contestaron a nuestro saludo!
Los tablones parecen deformados y, ¡mirad esas
velas,
qué delgadas son y qué gastadas!
Ntinca vi nada como ellas,
a menos que, por casualidad, no sean

se acerca asombrado al barco.

»pardos esqueletos de hojas que revisten
todo el arroyo de mi bosque:
cuando la nieve pesa sobre la hiedra
y el joven búho chilla al lobo que, debajo,
se come los cachorros de la loba.

»—Dear Lord! it hath a fiendish look...
(The Pilot made reply).
—I am a-feared...! Push on! push on!
Said the Hermit cheerily.

»The boat came closer to the ship,
But I nor spake nor stirred;
The boat came close beneath the ship,
And straight a sound was heard.

»Under the water it rumbled on,
Still louder and more dread:
It reached the ship, it split the bay;
The ship went down like lead.

The ship suddenly sinketh.

»Stunned by that loud and dreadful sound,
Which sk and ocean smote,
Like one that hath been seven days drowned
My body lay afloat;
But swift as dreams, myself I found
Within the Pilot's boat.

The ancient Mariner is saved in the Pilot's boat.

»Upon the whirl, where sank the ship,
The boat spun round and round;
And all was still, save that the hill
Was telling of the sound.

»I moved my lips-the Pilot shrieked
And fell down in a fit;
The holy Hermit raised his eyes,
And prayed where he did sit.

»—¡Dios mío! Tiene un aspecto diabólico...
(replicó el piloto).
—¡Miedo me da...! ¡Adelante! ¡Adelante!
Dijo el ermitaño animosamente.

»El bote se acercó un poco más al barco,
pero yo no hablé ni me moví;
el bote se acercó junto al barco,
y un sonido en seguida se oyó.

De pronto, el barco se hunde.

»Bajo el agua retumbó,
aún más fuerte y más terrible:
llegó al barco, hendió la rada:
y como plomo hundióse el barco.

El anciano marinero se salva en el bote del piloto.

»Aturdido por aquel fuerte y terrible sonido,
que cielo y océano golpearon,
como alguien que lleva siete días ahogado,
mi cuerpo quedó a flote;
pero veloz como sueño, yo mismo me encontré
dentro del bote del piloto.

»Alrededor del remolino, que hundió al barco,
el bote giraba una vez y otra;
y todo estaba callado, salvo la colina
que relataba el sonido.

»Moví los labios: el piloto tembló
y cayó al suelo en un desmayo;
el santo ermitaño elevó los ojos
y rezó desde donde estaba sentado.

»I took the oars: the Pilot's boy,
Who now doth crazy go,
Laughed loud and long, and all the while
His eyes went to and fro.
—Ha! ha!' quoth he, full plain I see,
The Devil knows how to row.

»And now, all in my own countree,
I stood on the firm land!
The Hermit stepped forth from the boat,
And scarcely he could stand.

»—O shrive me, shrive me, holy man!'
The Hermit crossed his brow.
—Say quick, quoth he, I bid thee say
What manner of man art thou?'

The ancient Mariner earnestly entreateth the hermit to shrive him; and the penance of life falls on him.

»Forthwith this frame of mine was wrenched
With a woeful agony,
Which forced me to begin my tale;
And then it left me free.

»Since then, at an uncertain hour,
That agony returns:
And till my ghastly tale is told,
This heart within me burns.

And ever and anon throughout his future life an agony constraineth him to travel from land to land.

»I pass, like night, from land to land;
I have strange power of speech;
That moment that his face I see,
I know the man that must hear me:
To him my tale I teach.

»Tomé los remos: el muchacho del piloto,
que ahora está loco,
reía reciamente y mucho, y durante todo este rato
sus ojos iban de un lado a otro.
—¡Ja! ¡Ja!, decía, todo claro lo veo,
bien que sabe remar el diablo.

»Y entonces, ya en mi propio país,
¡me encontré en tierra firme!
El ermitaño salió del bote
y apenas podía sostenerse en pie.

»—¡Oh, confiésame, confiésame, santo hombre!
El ermitaño santiguóse la frente.
—Habla pronto, dijo él, te ruego me digas
¿qué clase de hombre eres tú?

El anciano marinero le pide ansiosamente al ermitaño que le confiese, y se ve condenado a una penitencia para siempre.

»Y mi cuerpo entonces se retorció
con terrible agonía,
que me forzó a empezar el relato;
y luego me dejó en libertad.

»Desde entonces, a hora incierta,
vuelve esa agonía:
y hasta que cuento el espantoso relato,
este corazón dentro de mí arde.

Una y otra vez, siempre, por toda su vida futura, una agonía le obliga a viajar de una tierra a otra.

»Como noche paso de tierra a tierra;
tengo un extraño poder para hablar:
en el momento en que veo un rostro,
sé el hombre que tiene que oírme;
a él con mi relato instruyo.

»What loud uproar bursts from that door!
The wedding-guests are there:
But in the garden-bower the bride
And bride-maids singing are:
And hark the little vesper bell,
Which biddeth me to prayer!

»O Wedding-Guest! this soul hath been
Alone on a wide wide sea:
So lonely 'twas, that God Himself
Scarce seemed there to be.

»O sweeter than the marriage-feast,
'Tis sweeter far to me,
To walk together to the kirk
With a goodly company!

»To walk together to the kirk,
And all together pray,
While each to his great Father bends,
Old men, and babes, and loving friends,
And youths and maidens gay!

»Farewell, farewell! but this I tell
To theee, thou Wedding-Guest!
He prayeth well, who loveth well
Both man and bird and beast.

and to teach, by his own example, love and reverence to all things that God made and loveth.

»He prayeth best, who loveth best
All things both great and small;
For the dear God who loveth us,

»¡Qué gran ruido sale por esa puerta!
Ahí están los invitados a la boda:
pero en la glorieta del jardín la novia
y sus damas cantando están;
y oye la campanilla de las vísperas,
¡que a la oración me invita!

»¡Oh, invitado! Esta alma ha estado
sola en el ancho, ancho mar:
tan sola estuvo, que el mismo Dios
apenas parecía que allí estuviera.

»¡Oh, más dulce que el convite matrimonial,
mucho más dulce es para mí
caminar hacia la iglesia
junto a buena compañía!

»¡Caminar juntos a la iglesia,
y rezar todos juntos,
mientras cada uno se inclina ante su gran Padre,
viejos e infantes, y amigos queridos,
y mozos, y alegres doncellas!

»¡Adiós! ¡Adiós! ¡Pero esto te digo,
a ti, invitado!
Reza bien quien bien quiere,
al hombre, al pájaro y a la bestia.

para enseñar, con su
propio ejemplo,
amor y reverencia
hacia todas las cosas
que Dios creó y ama.

»Reza mejor quien mejor quiere
todas las cosas, grandes y pequeñas;
porque el Dios amado que nos quiere

He made and loveth all.»

The Mariner, whose eye is bright,
Whose beard with age is hoar,
Is gone: and now the Wedding-Guest
Turned from the bridegroom's door.

He went like one that hath been stunned,
And is of sense forlorn:
A sadder and a wiser man,
He rose the morrow morn.

creó y ama a todos.»

El marinero de ojos brillantes,
cuya barba con la edad es cana,
se marchó y entonces el invitado
alejóse de la puerta del novio.

Se fue como alguien que, aturdido,
se viera privado de sentido:
hombre más triste y más sabio,
despertó a la siguiente mañana.

OTROS POEMAS[1]

[1] Esta sección de poemas sigue el orden establecido por su autor en la edición de 1816. *(Nota del traductor.)*

TIME, REAL AND IMAGINARY

AN ALLEGORY

On the wide level of a mountain's head,
(I knew not where, but 'twas some faery place)
Their pinions, ostrich-like, for sails outspread,
Two lovely children run an endless race,
A sister and a brother!
This far outstript the other;
Yet ever runs she with reverted face,
And looks and listens for the boy behind:
For he, alas! is blind!
O'er rough and smooth with even step he passed,
And knows not whether he be first or last.

TIEMPO REAL E IMAGINARIO

ALEGORÍA

Sobre la ancha llanura de la cima de una montaña,
(no sabía dónde, pero era un sitio feérico)
sus brazos, tal de avestruz, como velas extendidas,
dos niños hermosos corren una carrera interminable,
¡hermano y hermana!
Esta mucho más aventaja al otro;
sin embargo, siempre corre con el rostro vuelto,
y observa y escucha al chico vuelto,
y observa y escucha al chico detrás:
pues él, ay, ¡es ciego!
Sobre rocas y yerbas con ritmo uniforme pasó
sin saber si será el primero o el último.

LOVE

All thoughts, al passions, all delights.
Whatever stirs this mortal frame,
All are but ministers of Love,
And feed his sacred flame.
Oft in my waking dreams do I
Live o'er again that happy hour,
When midway on the mount I lay,
Beside the ruined tower.

The moonshine, stealing o'er the scene,
Had blended with delights of eve;
And she was there, my hope, my joy,
My own dear Genevieve!

She leant against the armed man,
The statue of the armed knight;
She stood and listened to my lay,
Amid the lingering light.

Few sorrows hath she of her own,
My hope! my joy! my Genevieve!
She loves me best, whene'er I sing
The songs that make her grieve.

AMOR

Todos los pensamientos, pasiones, deleites,
todo lo que mueve este mortal cuerpo,
todos no son más que embajadores del amor,
y alimentan su sagrado fuego.

A menudo en mis sueños despiertos
a vivir vuelvo otra vez aquella feliz hora,
cuando a medio camino de la montaña estaba,
junto a la torre en ruinas.

La luz de la luna, invadiendo el paisaje,
mezclábase con las luces de la noche,
y allí estaba ella, esperanza mía, júbilo mío,
¡mi muy querida Genevieve!

Recostada estaba contra el hombre armado,
la estatua del armado caballero;
quieta allí estaba y escuchaba mi ¡ay,
entra la luz que se demoraba.

Pocas tristezas tenía que fueran suyas,
¡esperanza mía! ¡Júbilo mío! ¡Genevieve mía!
Mejor me ama, siempre que entono
las canciones que la hacen afligirse.

I played a soft and doleful air,
I sang an old and moving story-
An old rude song, that suited well
That ruin wild and hoary.

She listened with a fitting blush,
With downcast eyes and modest grace;
For well she knew, I could not choose
But gaze upon her face.

I told her of the Knight that wore
Upon his shield a burning brand;
And that for ten long years he wooed
The Lady of the Land.

I told her how he pined: and ah!
The deen, the low, the pleading tone
With which I sang another's love,
Interpreted my own.

She listened with a fitting blush,
With downcast eyes, and modest grace;
And she forgave me, that I gazed
Too fondly on her face!

But when I told the cruel scorn
That crazed that bold and lovely Knight,
And that he crossed the mountain-woods,
Nor rested day nor night;

Tocaba un suave y lastimero aire,
cantaba una vieja y conmovedora historia:
vieja canción rústica, que bien le iba
		a aquella ruina desierta y remota.

Ella escuchaba con sonrojo revoloteante,
con ojos bajos y modesto talante,
pues bien sabía que yo elegir no podía
		sino contemplarle el rostro.

Le conté del caballero que tenía
sobre el escudo una ardiente antorcha;
y que durante diez largos años arrulló
		a la Dama de la Tierra.

Le conté cómo él desfallecía: y, ah,
el profundo, el bajo timbre suplicante
con que yo cantaba el amor de otro,
		traducía el mío propio.

Ella escuchaba con sonrojo revoloteante,
con ojos bajos y modesto talante,
y me perdonaba que le mirase
		con demasiado afecto el rostro.

Pero cuando le conté el cruel desprecio
que enloqueció al osado y hermoso caballero,
y que cruzó los bosques montañosos,
		y no descansaba ni de día ni de noche;

That sometimes from the savage den,
And sometimes from the darksome shade,
And sometimes starting up at once
In green and sunny glade,

There came and looked him in the face
An angel beautiful and bright;
And that he knew it was a Fiend,
This miserable Knight!

And that unknowing what he did,
He leaped amid a murderous band,
And saved from outrage worse than death
The Lady of the Land!

And how she wept, and clasped his knees;
And how she tended him in vain…
And ever strove to expiate
The scorn that crazed his brain.

And that she nursed him in a cave;
And how his madness went away,
When on the yellow forest-leaves
A dying man he lay.

His dying words… but when I reached
That tenderest strain of all the ditty,
My faltering voice and pausing harp
Disturbed her soul with pity!

que a veces del cubil salvaje,
y a veces de la sombra perversa,
y a veces apareciendo de súbito
en verde y soleado claro,

Allí llegaba y al rostro mirábale
un ángel hermoso y resplandeciente;
y que él sabía que un demonio era,
¡este infeliz caballero!

Y que no sabiendo lo que hacía,
cayó sobre una banda de asesinos,
y salvó de un ultraje peor que la muerte
a la Dama de la Tierra.

Y cómo ella lloraba y asía sus rodillas;
y cómo en vano le cuidaba...
Y hasta esforzóse por expiar
el desprecio que enloqueció su mente.

Y que lo cuidó en una cueva;
y cómo desapareció su locura,
cuando sobre las amarillas hojas del bosque,
estaba ya moribundo.

Sus palabras moribundas... Pero cuando llegué
a la frase más tierna de toda la canción,
mi voz que vacilaba y el arpa que calló
con piedad le turbaron el alma.

All impulses of soul and sense
Had thrilled my guileless Genevieve;
The music and the doleful tale,
The rich and balmy eve;

And hopes, and fears that kindle hope,
An undistinguishable throng,
And gentle wishes long subdued,
Subdued and cherished long!

She wept with pity and delight,
She blushed with love, and virgin-shame;
And like the murmur of a dream,
I heard her breathe my name.

Her bosom heaved... she stepped aside,
As conscious of my look she stepped;
Then suddenly, with timorous eye
She fled to me and wept.

She half enclosed me with her arms,
She pressed me with a meek embrace;
And bending back her head,looked up,
And gazed upon my face.

Twas partly love, and partly fear,
And partly 'twas a bashful art,
That I might rather feel, than see,
The swelling of her heart.

Todos los impulsos del alma y los sentidos
conmovieron a mi cándida Genevieve;
la música y el relato lastimero,
la rica y embalsamada noche;

Y esperanzas y temores que encienden la esperanza,
una multitud indistinguible,
y suaves deseos largo tiempo sometidos,
sometidos y adorados largo tiempo.

Ella lloró por piedad y deleite,
sonrojóse por amor y virginal vergüenza;
y como el murmullo de un sueño,
la oí susurrar mi nombre.

Suspiró su pecho... Se apartó un poco,
consciente de mi mirada apartóse;
luego de pronto, con ojos asustadizos
corrió hasta mí llorando.

Medio me ciñó con sus brazos,
me estrechó con suave abrazo,
y echando hacia atrás la cabeza alzó los ojos
y me contempló el rostro.

Era en parte amor y en parte miedo,
y en parte era una modesta astucia,
para que más bien sintiera, que viese,
el amor que le llenaba el pecho.

I calmed her fears, and she was calm,
And told her love with virgin pride;
And so I won my Genevieve,
My bright and beauteous Bride.

Calmé sus temores y ella se calmó,
y le hablé de amor con orgullo virginal;
y así conquisté a mi Genevieve,
resplandeciente y hermosa novia mía.

PHANTOM

All look and likeness caught from earth,
All accident of kin and birth,
Had pass'd away. There was no trace
Of aught on that illumined face,
Upraised beneath the rifted stone
But of one spirit all her own;
She, seh herself, and only she,
Shone trrough her body visibly.

FANTASMA

Todo parecido y semejanza robado a la tierra,
todo accidente de parentesco y nacimiento,
se había desvanecido. No quedaba huella
de nada en aquel rostro iluminado,
elevado detrás de la piedra hendida,
salvo un espíritu todo suyo;
ella, ella misma y sólo ella,
brillaba a través de su cuerpo visiblemente.

THE AEOLIAN HARP

Composed at Clevedon, Somersetshire

My pensive Sara! thy soft cheek reclined
Thus on mine arm, most soothing sweet it is
To sit beside our cot, our cot o'ergrown
With white-flowered jasmine, and the broad-leaved myrtle
(Meet emblems they of Innocence and Love!),
And watch the clouds, that late were rich with light,
Slow saddening round, and mark the star of eve
Serenely brilliant (such should wisdom be)
Shine opposite! How exquisite the scents
Snatched from yon bean-field! and the world so hushed!
The stilly murmur of the distant sea
Tell us of Silence.
And that simplest lute,
Placed lengthways in the clasping casement, hark!
How by the desultory breeze caressed,
Like some coy maid half yieling to her lover,
It pours such sweet upbraiding, as must needs
Tempt to repeat the wrong! And now, is strings
Boldlier swept, the long sequacious notes
Over delicious surges sink and rise,
Such a soft floating witchery of sound
As twilight elfins make, when they at eve
Voyage on gentle gales from Fairyland,

EL ARPA EÓLICA

Escrito en Clevedon, Somersetshire

Mi pensativa Sara. Con tu suave mejilla reclinada
así sobre mi brazo, es la dulzura más confortante
sentarnos junto a nuestra cabaña, nuestra cabaña cubierta
con jazmines de blanca flores y el mirto de hoja verde
(idóneos emblemas ambos de amor e inocencia!),
y contemplar las nubes, que de tarde se enriquecían con luz,
lenta ronda entristecedora, y señalar la estrella de la tarde
serenamente brillante (tal debiera ser la sabiduría),
resplandeciendo enfrente. Qué exquisitos aromas
arrebatados a tu campo de guisantes! Y el mundo tan callado!
El tranquilo murmullo del mar distante
nos habla del silencio.
Y ese laúd tan sencillo,
colocado a lo largo de la ventana que lo sostiene, ¡escucha!
Cómo por la brisa intermitente acariciado,
tal una doncella tímida medio entregada a su amante,
derrama tan dulce reproche, cómo tiene necesidad
¡para inducir a repetir el mal! Y ahora, sus cuerdas
rasgadas más osadamente, las largas notas sucesivas
sobre deliciosas olas se hunden y emergen,
como suave hechicería cernida del sonido
tal hacen los elfos del ocaso, cuando por la noche
viajan en suaves brisas desde la Tierra de las Hadas,

Where melodies round honey-duopping flowers,
Footless and wild, like birds of Paradise,
Nor pause, nor perch,hovering on untamed wing!
O the one life within us and abroad,
Which meets all motion and becomes its soul,
A light in sound, a sound-like power in light,
Rhythm in all thought, and joyance everywhere
Methinks, it should have been impossible
Not to love all things in a world so filled;
Where the breeze warbles, and the mute still air
Is music slumbering on her instrument.

And thus, my love! as on the midway slope
Of yonder hill I stretch my limbs at noon,
Whilst thorough my half-closed eyelids I behold
The sunbeams dance, like diamonds, on the main,
And tranquil muse upon tranquilllity;
Full many a thought uncalled and undetained,
And many idle flitting phantasies,
Traverse my indolent and passive brain,
As wild and various as the random gales
That swell and flutter on this subject lute!

And what if all of animated nature
Be but organic harps diversely framed,
That tremble into thought, as o'er them sweeps
Plastic and vast, one intellectual breeze,
At once the Soul of each, and God of all?

But thy more serious eye a mild reproof
Darts, O beloved woman! nor such thoughts
dim and unhallowed dost thou not reject,

sin pies y salvajes, como pájaros del paraíso,
ni se paran ni se posan, aleteando indómita ala!
Oh, la vida una dentro de nosotros y fuera,
que enlaza con todo movimiento y su alma se convierte,
luz en el sonido, una fuerza como el sonido en la luz,
ritmo en todo pensamiento, y júbilo por doquier;
me parece que hubiera sido imposible
no amar todas las cosas en un mundo tan pleno;
donde la brisa gorjea y el callado aire sereno
es música dormida sobre su instrumento.

¡Y así, amor mío! Como en la cuesta a mitad de camino
de aquella colina alejada, estiro mis miembros a mediodía,
mientras por los párpados medio cerrados vislumbro
bailar los rayos del sol, como diamantes, en alta mar,
y tranquilo medito sobre la tranquilidad;
lleno de muchos pensamientos repentinos y huidizos,
y muchas ociosas fantasías revoloteantes,
atraviesan mi indolente y pasiva mente,
tan salvajes y diversos como las brisas casuales
que tañen y hacen vibrar este laúd sujeto!

¿Y qué si toda la viva naturaleza
no fuera sino arpas orgánicas con cuerpos diversos,
que vibran formando pensamiento, mientras sobre ellas pasa
plástica e inmensa, una brisa intelectual,
a la vez el alma de cada uno y el Dios de todos?

Pero tus ojos más serios un suave reproche
me lanzan, ¡oh mujer adorada! Tampoco tales pensamientos
confusos y profanos no rechazas,

And biddest me walk humbly with my God.
Meek daughter in the family of Christ!
Well hast thou said and holily dispraised
These shapings of the unregenerate mind;
Bubbles that glitter as they rise and break
On vain Philosophy's ay-babbing spring.
For never guiltless may I speak of him,
The Incomprehensible! save when with awe
I praise him, and with Faith that inly feels;
Who with his saving mercies healed me,
A sinful and most miserable man,
Wildered and dark, and gave me to possess
Peace, and this cot, and thee, heart-honoured maid!

y me ruegas que camine humildemente con mi Dios.
¡Mansa hija de la familia de Cristo!
Bien has dicho tú y santamente censuraste
estos fantasmas de la mente no regenerada;
burbujas que brillan a medida que surgen y se rompen
sobre la fuente siempre murmurante de la vana filosofia.
¡Que nunca sin castigo pueda hablar de ello,
lo incomprensible! Salvo cuando con respeto
lo alabe y con fe que íntimamente se siente;
quien con sus mercedes salvadoras me curó,
hombre tan desdichado y pecador,
confundido e ignorante, y me dio a poseer
la paz, esta cabaña, y a ti, ¡doncella honrada por mi pecho!

THE NIGHTINGALE

CONVERSATION POEM: WRITTEN IN APRIL, 1798

No cloud, no relique of the sunken day
Distinguishes the west, no long thin slip
Of sullen light, no obscure trembling hues.
Come, we will rest on this old mossy bridge!
You see the glimmer of the stream beneath,
But hear no murmuring: it flows silently,
O'er its soft bed of verdure. All is still,
A balmy night! and though the stars be dim,
Yet let us think upon the vernal showers
That gladden the green earth, and we shall find
A pleasure in the dimness of the stars.
And hark! the nightingale begins its song,
aMost musical, most melancholy»' bird![1]
A melancholy bird? Oh! idle thought!
In nature there is nothing melancholy.
But some night-wandering man whose heart was pierced
With the remembrance of a grievous wrong,

[1] *This passage in Milton possesses an excellence far superior to that of mere description. It is spoken in the character of the melancholy man, and has therefore a dramatic propriety. The autor makes this remark, to rescue himself from the charge of having alluded with levity, to a line in Milton: a charge than which none could be more painful to him, except perhaps that of having ridiculed his Bible.*

EL RUISEÑOR

POEMA-CONVERSACION ESCRITO EN ABRIL DE 1798

Ni nube ni reliquia del día hundido
distingue al oeste, ni larga y fina cinta
de luz sombría, ni oscuros matices temblorosos.
¡Ven, descansaremos en este vijo puente musgoso!
Ves el resplandor de la corriente debajo,
pero no oyes ni murmullo: fluye callada,
sobre un suave lecho de verdor. Todo está quieto,
noche embalsamada, y aunque pálidas estén las estrellas,
sin embargo, pensemos en las lloviznas primaverales,
que alegran la verde tierra, y encontraremos
un placer en la palidez de las estrellas.
¡Y, oye!, el ruiseñor comienza su canción,
¡pájaro «tan musical, tan melancólico»![1]
¿Pájaro melancólico? ¡Oh, inútil pensamiento!
Nada hay en la naturaleza que sea melancólico.
Pero un hombre que de noche vagaba, cuyo corazón estaba
atravesado
por el recuerdo de un mal lastimero,

[1] Este paisaje de Milton posee una excelencia muy superior a la de la mera descripción. El autor hace esta observación para liberarse de la acusación de haber aludido con levedad a un verso de Milton; acusación que, ninguna otra, sería más dolorosa para él, salvo, quizá, la de haber ridiculizado la Biblia. *(Nota del autor).*

Or slow distemper, or neglected love,
(And so, poor wretch! fill'd all things with himself,
And made all gentle sounds tell back the tale
Of his own sorrow) he, and such as he,
First named these notes a melancholy strain.
And many a poet echoes the conceit;
Poet who hath been building up the rhyme
When he had better far have stretched his limbs
Beside a brook in mossy forest-dell,
By sun or moon-light, to the influxes
Of shapes and sounds and shifting elements
Surrendering his whole spirit, of his song
And of his :ame forgeful! so his fame
Should share in Nature's immortality,
A venerable thing! and so his song
Should make all Nature lovelier, and itself
Be loved like Nature! But 'twill not be so;
And youths and maidens most poetical,
Who lose the deepening twilights of the spring
In ballrooms and hot theatres, they still
Full of meek sympathy must heave their sighs
O'er Philomela's pity-pleading strains.

My friend, and thou, our sister! we have learnt
A difTerent lore: we may not thus profane
Nature's sweet voices, always full of love
And joyance! This the merry nightingale
That crowds, and hurries, and precipitates
With fast thick warble his delicious notes,
As he were fearful that an April night
Would be too short for him to utter forth

o lenta destemplanza, o amor desdeñado,
(y así, ¡pobre infeliz!, consigo llenaba todas las cosas,
y hacía que todos los dulces sonidos repitiesen el relato
de su propio dolor) él y tal como él,
primero nombró estas notas melancólico aire.
Y muchos poetas repiten el concepto;
poetas que han estado creando la rima,
cuando mejor hubiera sido que estirasen sus miembros,
junto a un arroyo en la cañada musgosa del bosque,
al sol o a la luz de la luna, a las afluencias
de formas y sonidos y cambiantes elementos,
entregando todo su espíritu, ¡de su canción
y de la fama olvidado! Así, su fama
compartiría la inmortalidad de la naturaleza,
¡objeto venerable! y así su canción
haría más hermosa a toda la naturaleza, ¡ella misma
sería amada como naturaleza! Pero no será así;
y los mozos y doncellas más poéticas,
que pierden los profundos crepúsculos de la primavera
en salones de bailes y tórridos teatros, aun ellos
de simpatía apacible llenos, deben elevar sus suspiros
sobre las melodías que piedad imploran de Filomela.

¡Amigo mío y tú, hermana nuestra! Hemos aprendido
un saber diferente; así puede que no profanemos
las dulces voces de la naturaleza, ¡siempre llenas de amor
y júbilo! Es el alegre ruiseñor
que amontona, y atropella, y precipita
con raudo y recio canto sus deliciosas notas,
como si temiera que una noche de abril
fuese demasiado corta para que el expresara

His love-chant, and disburthen his full soul
Of all its music;
And I know a grove
Of a large extent, hard by a castle huge,
Which the great lord inhabits not; and so
This grove is wild with tangling underwood,
And the trim walks are broken up, and grass,
Thin grass and kingcups grow within the paths.
But never elsewhere in one place I knew
So many nightingales; and far and near,
In wood and thicket, over the wide grove,
They answer and provoke each other's song,
With skirmish and capricious passagings,
And murmurs musical and swift jug jug,
And one low piping sound more sweet than all...
Stirring the aire with such an harmony,
That should you close your eyes, you might almost
Forget it was not day! On moonlight bushes,
Whose dewy leaflets are but half-disclosed,
You may perchance behold them on the twigs,
Their bright, bright eyes, their eyes both bright and full,
Glistening, while many a glow-worm in the shade
Light up her love-torch.
A most gentle maid,
Who dwelleth in her hospitable home
Hard by the castle, and at latest eve
(Even like a lady vowed and dedicate
To something more than Nature in the grove)
Glides through the pathways; she knows all their notes,
That gentle maid! and oft, a moment's space,
What time the moon was lost behind a cloud,

su canto de amor, y descargase su alma toda
de toda su música!
Y conozco un bosque,
de gran extensión, junto a un inmenso castillo,
que no habita gran señor; y así
este bosquecillo es salvaje con malezas trepadoras,
y se quiebran sus sendas recortadas, y la yerba,
fina yerba y botones de oro crecen en los senderos.
Pero nunca en otro sitio, en sólo un lugar supe
que hubiera tantos ruiseñores; y lejos y cerca,
en árbol y maleza, sobre el ancho bosque
contestan y estimulan la canción de uno a otro,
con pasajes caprichosos y escaramuzas,
y murmullos musicales y raudos yog-yog,
y un sonido de silvo grave más dulce que todos...
Agitando el aire con tal armonía,
que si cerráseis los ojos, casi olvidaríais
¡que no era de día! Sobre arbustos iluminados por la luna,
cuyas hojas con rocío no están sino medio abiertas,
puede que por azar los veáis en las ramitas,
sus ojos brillantes, brillantes, sus ojos brillantes y colmados,
relumbrando, mientras muchas luciérnagas en la sombra
encienden sus antorchas de amor.
Una doncella muy gentil,
que habita en su hogar hospitalario,
junto al castillo, y al final de la tarde
como una dama consagrada y dedicada
a algo más que la naturaleza en el bosque
deslízase por los senderos; ¡conoce todas sus notas,
esa gentil doncella!, y a menudo, en el espacio de un momento,
el tiempo en que la luna se pierde tras una nube,

Hath heard a pause of silence; till the moon
Emerging, hath awakened earth and sky
With one sensation, and these wakeful birds
Have all burst forth in choral minstrelsy,
As if some sudden gale had swept at once
An hundred airy harps! And she hath watched
Many a nightingale perched giddily
On blossomy twig still swinging from the breeze,
And to that motion tune his wanton song
Like tipsy joy that reels with tossing head.

Farewell, O warbler! till to-morrow eve,
And you, my friends! farewell, a short farewell!
We have been loitering long and pleasantly,
And now for our dear homes. That strain again?
Full fain it would delay me! My dear babe,
Who, capable of no articulate sound,
Mars all things with his imitative lisp,
How he would place his hand beside his ear,
His little hand, the small forefinger up,
And bid us listen! And I deem it wise
To make him Nature's playmate. He knows well
The evening-star; and once, when he awoke
In most distressful mood (some inward pain
Ha made up that strange thing, an infant's dream),
I hurried with him to our orchard-plot,
And he beheld the moon, and, hushed at once,
Suspends his sobs, and laughs most silently,
While his fair eyes, that swam with undropped tears,
Did glitter in the yellow moonbeam! Well!

ha oído una pausa de silencio; hasta que la luna
emergiendo, despierta cielo y tierra
con una sensación, y estos pájaros despiertos
estallan en juglaría coral,
como si una súbita brisa hubiera tañido de golpe
cien arpas ligeras! Y ella ha vigilado
a muchos ruiseñores posados veleidosamente
en ramitas florecidas columpiándose aún por la brisa,
y con ese movimiento acuerda su canción alegre
como ebrio júbilo que vacila con cabeza sacudida.

¡Adiós, oh cantor! Hasta mañana por la noche,
y vosotros, amigos míos, ¡adiós, breve adiós!
Hemos estado vagando mucho agradablemente,
y ahora vayamos a nuestros queridos hogares... ¿De nuevo
ese aire?
¡Todo contento me demoraría! Mi nene querido,
quien, no siendo capaz de ningún sonido articulado,
estropea todas las cosas con su balbuceo imitador,
¡cómo colocaría su mano junto al oído,
su manecita, su pequeñito índice hacia arriba,
y nos rogaría que escuchásemos! Y creo que es sabio
hacerle compañero de juegos de la naturaleza. Bien conoce
la estrella de la tarde; y una vez, cuando se despertó
de un humor muy desdichado (algún dolor interno
le causaba esa cosa extraña, el sueño de un infante)
me apresuré con él hasta el terreno de nuestro huerto,
y él contempló la luna, y callándose al instante,
suspendió el lloriqueo y sonrió muy calladamente,
mientras sus hermosos ojos, que nadaban en lágrimas retenidas,
¡brillaron en el amarillo rayo de la luna! ¡Bien...!

It is a father's tale: But if that Heaven
Should give me life, his childhood shall grow up
Familiar with these songs, that with the night
He may associate joy? Once more farewell,
Sweet nightingale! Once more, my friends! farewell.

Es el relato de un padre: pero si ese cielo
me diese vida, su niñez crecerá
acostumbrada a esas canciones, para que con la noche
asocie el júbilo. De nuevo, adiós,
¡Dulce ruiseñor! De nuevo, amigos míos, ¡adiós!

FROST AT MIDNIGHT

The frost performs its secret ministry,
Unhelped by any wind. The owlet's cry
Came loud -and hark, again! loud as before.
The inmates of my cottage, all at rest,
Have left me to that solitude, which suits
Abstruser musings: save that at my side
My cradled infant slumbers peacefully.
'This calm indeed! so calm, that it disturbs
And vexes meditation with its strange
And extreme silentness. Sea, hill, and wood,
This populous village! Sea, and hill, and wood,
With all the numberless goings-on of life,
Inaudible as dreams! the thin blue flame
Lies on my low-burnt fire, and quivers not;
Only that film, which fluttered on the grate,
Still flutters there, the sole inquiet thing.
Methinks, its motion in this hush of Nature
Gives it dim sympathies with me who live,
Making it a companionable form,
Whose puny flaps and freaks the idling spirit
By its own moods interprets, everywhere
Echo or mirror seeking of itself,
And makes a toy of thought.

ESCARCHA A MEDIANOCHE

La escarcha ejecuta su secreto ministerio
sin la ayuda de ningún viento. El grito del búho
sonó recio... Y oid, de nuevo, como antes recio.
Los habitantes de mi cabaña, todos están descansando,
me han dejado en esta soledad, que bien le va
a los pensamientos más abstrusos; salvo que a mi lado
mi infante en la cuna dormita pacíficamente.
En verdad, ¡hay calma! Tanta calma que molest
y veja la meditación con un extraño
y extremo silencio. Mar, colina y bosque,
este lugar populoso. ¡Mar, colina, y bosque,
con todos los innumerables ajetreos de la vida,
inaudibles como sueños! La delgada llama azul
está en mi fuego de baja llama, y no tiembla;
sólo esa película, que aleteaba en la parrilla,
aún ahí aletea, única cosa inquieta.
Pienso que su movimiento en este silencio de la naturaleza
me da su pálida simpatía a mí que vivo,
haciéndola una forma que me acompaña,
cuyos aleteos y caprichos endebles, el espíritu ocioso
por sus propios ánimos interpreta, en todas partes
resonancia o espejo que a sí mismo se busca,
y hace un juguete del pensamiento.

But O! how oft,
How oft, at school, with most believing mind,
Presageful, have I gazed upon the bars,
To watch that fluttering stranger! and as oft
With unclosed lids, already had I dreamt
Of my sweet birthplace, and the old church-tower,
Whose bells, the poor man's only music, rang
From morn to evening, all the Fair-day,
So sweetl, that they stirred and haunted me
With a wild pleasure, falling on mine ear
Most like articulate sounds of things to come!
So gazed 1, till the soothing things, I dreamt,
Lulled me to sleep, and sleep prolonged my dreams!
And so I brooded all the following morn,
Awed by the stern preceptor's face, mine eye
Fixed with mock study on my swimming book:
Save if the door half opened, and I snatched
A hasty glance, and still my heart leaped up,
For still I hoped to see the stranger's face,
Townsman, or aunt, or sister more beloved,
My playmate when we both were clothed alike!

Dear babe, that sleepest cradled by my side,
Whose gentle breathings, heard in this deep calm,
Fill up the interspersed vacancies
And momentary pauses of the thought!
My babe so beautiful! it thrills my heart
With tender gladness, thus to look at thee,
And think that they shalt learn far other lore
And in far other scenes! For I was reared

Pero, ¡oh, cuán a menudo,
cuán a menudo, en la escuela, con la mente más crédula,
lleno de presagios, he mirado por los barrotes,
para vigilar a este *extraño* aleteante! ¡Y tan a menudo
con párpados abiertos, yo soñaba
con mi dulce sitio natal y la vieja torre de la iglesia,
cuyas campanas, única música de los pobres, tocaba
de la mañana a la noche, todo el cálido día de mercado,
tan dulcemente, que me animaban y me hechizaban
con placer salvaje, al llegar a mis oídos
principalmente como sonidos claros de las cosas por venir!
¡Así miraba, hasta que las cosas calmantes, soñaba,
me arrullaban a dormir, y el dormir prolongaba mis sueños!
Y así cavilaba toda la mañana siguiente,
atemorizado por la severa cara del preceptor, mis ojos
fijos fingiendo estudiar en el libro que apenas veía;
salvo que si medio se abriese la puerta, echaba
una rápida mirada y aún mi corazón se elevaba
pues aún esperaba ver el rostro del *extraño,*
hombre de ciudad, o tía, o hermana más querida,
compañera de juegos cuando ambos vestíamos de igual forma.

¡Querido nene, que duermes acunado junto a mí,
cuyos suaves alientos, escuchados en esta honda calma,
llenan los huecos esparcidos
y pausas momentáneas del pensamiento!
¡Mi nene tan hermoso! ¡Me enternece el corazón
con tierno gozo, el así mirarte,
y pensar que tú aprenderás muy otros saberes
y en muy otros sitios! Pues fui educado

In the great city, pent 'mid cloisters dim,
And saw nought lovely but the sky and stars.
But thou, my babe! shalt wander like a breeze
By lakes and sandy shores, beneath the clouds,
Of ancient mountain, and beneath the clouds,
Which image in their bulk both lakes and shores
And mountain crags: so shalt thou see and hear
The lovely shapes and sounds intelligible
Of that eternal language, which thy God
Utters, who from eternity doth teach
Himself in all, and all things in himself.
Great universal Teacher! He shall mould
Thy Spirit, and by giving make'it ask.

Therefore all seasons shall be sweet to thee,
Whether the summer clothe the general earth
With greenness, or the redbreast sit and sing
Bewixt the tufts of snow on the bare branch
Of mossy apple-tree, while the night thatch
Smokes in the sun-thaw; whether the eve-drops fall
Heard only in the trances of the blast,
Or if the secret ministry of frost
Shall hang them up in silent icicles,
Quietly shining to the quiet moon.

en la gran ciudad, encerrado en sombríos claustros,
y nada hermoso veía, sino el cielo y las estrellas.
Pero tú, ¡nene mío! Vagarás como una brisa
por lagos y playas arenosas, bajo los riscos
de antiguas montañas, y bajo las nubes,
que reflejan en sus bultos tantos lagos y playas
y riscos montañosos: así tú verás y oirás
las formas hermosas y los sonidos inteligibles
de esa eterna lengua, que tu Dios
habla, quien desde la eternidad se muestra
a sí mismo en todo, y a todas las cosas en sí mismo.
¡Gran maestro universal! El moldeará
tu espíritu y su benevolencia le hará pedir más.

Así todas las estaciones dulces serán para tí,
bien cuando el verano vista a toda la tierra
con verdor, o el petirrojo se pose y cante
entre los penachos de nieve sobre la rama desnuda
del manzano musgoso, mientras el techo de pajas cercano
humee en el deshielo del sol; bien cuando las gotas de rocío
caigan
sólo oídas en los desmayos del viento,
o cuando el secreto ministerio de la escarcha
las cuelgue en silentes carámbanos,
brillando calladamente a la luna callada.

DEJECTION

AN ODE

Late, late yestreen I saw the new moon,
With the old moon in her arms;
And I Jear, my hfaster dear!
We shall have a deadly storm.
BALLAD OF SIR PATRICK SPENCE

I

Well! If the Bard was weather-wise, who made
The grand old ballad of Sir Patrick Spence,
This night, so tranquil now, will not go hence
Unroused by winds, that ply a busier trade
Than those which mould yon cloud in lazy flakes,
Or the dull sobbing draft, that moans and rakes
Upon the strings of this Aeolian lute,
Which better far were mute.
For Io! the new moon winter-bright!
And overspread with phantom light,
(With swimming phantom light o'erspread
But rimm'd and circled by a silver thread)
I see the old moon in her lap, foretelling
The coming-on of rain and squeally blast.
And oh! that eve now the gust were swelling,
And the slant night-shower driving loud and fast!

ABATIMIENTO

ODA

Tarde, tarde ayer noche vi la nueva luna,
con la vieja luna entre los brazos;
y temo, temo, mi señor estimado,
que tendremos una terrible tormenta.
BALADA DE SIR PATRICK SPENCE

I

Pues, si el bardo era experto en el tiempo, quien hizo
la gran balada antigua de Sir Patrick Spence,
esta noche, ahora tan tranquila, no avanzará
agitada por los vientos, que plegan un alisio más altivo,
que las que modelan nubes lejanas en vagos copos,
o el monótono aire gemebundo, que gime y rasga
las cuerdas del laúd eólico,
que mejor mudas estarían.
¡Pero mirad, la nueva luna con su brillo invernal!
Extendida con luz fantasmagórica
(con flotante luz fantasmagórica extendida,
pero rodeada y cercada por un hilo argentino),
veo a la vieja luna en su regazo, prediciendo
la llegada de la lluvia y del ventarrón borrascoso.
y ¡oh, que ahora mismo se hinche la ráfaga,
y la racha de lluvia nocturna sea rauda y recia!

Those sounds which oft have raised me, whilst they awed,
And sent my soul abroad,
Might now perhaps their wonted impulse give,
Might startle this dull pain, and make it move and live!

II

A grief without a pang, void, dark, and drear,
A stifled drowsy, unimpassion'd grief,
Wich finds no natural outlet, no relief,
In word, or sigh, or tear...
O Lady! in this wan and heartless mood,
To other thoughts by yonder throstle woo'd,
All this long eve, so balmy and serene,
Have I been gazing on the western sky,
And its peculiar tint of yellow green:
And still I gaze... and with how blank an eye!
And those thin clouds above, in flakes and bars,
That give away their motion to the stars;
Those stars, that glide behind them or between,
Now sparkling, now bedimm'd, but always seen:
Yon crescent moon, as fixed as if it grew
In its own cloudless, starless lake of blue;
I see them all so excellently fair,
I see, not feel, how beautiful they are!

Esos ruidos que a menudo me han levantado, mientras me
atemorizaban
y mi alma enviaban lejos,
¡podrían ahora entregar su habitual impulso,
y sobresaltar esta torpe pena y hacer que se mueva y viva!

II

Un dolor sin golpe, vacío, oscuro y más temible,
un dolor sin vehemencia, rígido y torpe,
que no encuentra natural desahogo, ni alivio,
ni en palabras, ni en suspiros, ni en lágrimas...
Oh señora, con este ánimo insensible y desvaído,
a otros pensamientos cortejados por zorzales más lejanos,
toda esta larga noche, tan embalsamada y serena,
he estado contemplando el occidental firmamento,
y su peculiar tinte verde amarillento:
y aún contemplo... Y con ojos tan vacíos.
Ya esas delgadas nubes arriba, en copos y listas,
que entregan su movimiento a las estrellas;
a esas estrellas que detrás o entre ellas se deslizan,
brillando ora, ora oscurecidas, pero siempre vistas:
luna creciente a lo lejos, tan fija como si creciera
en su propio lago azul sin estrellas y sin nubes;
todas las veo, tan mgníficamente hermosas,
veo, pero no las siento, cuán hermosas son!

III

My genial spirits fail,
And what can these avail
To lift the smothering weight from of my breast?
It were a vain endeavour,
Though I should gaze for ever
On that green light that lingers in the west:
I may not hope from outward forms to win
The passion and the life whose fountains are within.

IV

O Lady! we receive but what we give,
And in our life alone does nature live!
Ours is her wedding-garment, ours her shroud!
And would we aught behold, of higher worth,
Than that inanimate cold world allow'd
To the poor loveless ever anxious crowd,
Ah! from the soul itself must issue forth
A light, a glory, a fair luminous cloud
Enveloping the Earth…
And from the soul itself must there be sent
A sweet and potent voice, of its own birth,
Of all sweet sounds the life and element!

V

O pure of heart! thou need'st not ask of me
What this strong music in the soul may be!

III

Fallan mis ánimos cordiales,
y de qué pueden ellos servirme
para levantar este ahogante peso de mi pecho?
Sería una labor inútil,
aunque siempre contemplase
esa luz verde que perdura en occidente:
puede que no espere ganar de fuerzas externas
la pasión y la vida, cuyas fuentes corren dentro.

IV

¡Oh señora, no recibimos sino lo que damos,
y en nuestra vida sólo la naturaleza vive:
nuestro es su vestido de bodas, nuestra su mortaja!
Y aunque contemplásemos algo, de mayor valor,
que lo que permitiría el inanimado mundo helado
a la pobre y siempre ansiosa multitud sin amor,
ay, de la misma alma debiera brotar
una luz, una aureola, una hermosa nube luminosa
envolviendo la tierra...
Y desde la misma alma enviar debiera
una dulce y potente voz, de su propio nacimiento,
de todos los dulces sonidos la vida y los elementos.

V

¡Oh, pura de corazón, no necesitas preguntarme
qué puede ser esta recia música del alma!

What, and wherein it doth exist,
This light, this glory, this fair luminous mist,
This beautiful and beauty-making power.
Joy, virtuous Lady! Joy that ne'er was given,
Save to the pure, and in their purest hour,
Life, and Life's Efflluence, cloud at once and shower,
Joy, Lady! is the spirit and the power,
Which wedding nature to us gives in dower,
A new Earth and new Heaven,
Undreamt of by the sensual and the proud
Joy is the sweet voice, Joy the luminous cloud...
We in ourselves rejoice!
And thence flows all that charms or ear or sight,
All melodies the echoes of that voice,
All colours a sufl'usion from that light.

VI

There was a time when, thoug my path was rough,
This joy within me dallied with distress,
And all misfortunes were but as the stuff
Whence Fancy made me dreams of happiness!
For hope grew round me, like the twining vine,
And fruits, and foliage, not my own, seemed mine.
But now aflictions bow me down to earth!
Nor care I that they rob me of my mirth,
But oh! each visitation
Suspends what nature gave me at my birth,
My shaping spirit of Imagination.
For not to think of what I needs must feel,

Qué es y dónde existe
esta luz, esta aureola, esta hermosa niebla luminosa,
esta hermosa fuerza capaz de engendrar hermosura.
	¡Júbilo, virtuosa señora! Júbilo que nunca fue dado,
salvo al puro y en su hora más pura,
vida y efluvios de vida, nube y enseguida lluvia,
júbilo, señora, es el espíritu y la fuerza
que la naturaleza nupcial nos da en dote,
	una nueva tierra y un nuevo firmamento,
no soñados por el sensual ni el soberbio...
Júbilo es la dulce voz, júbilo la nube luminosa...
		¡En nosotros mismos nos regocijamos!
Y así fluye todo lo que encanta al oído o a la vista,
	todo melodías los ecos de esa voz,
todo colores una difusión de esa luz.

VI

Hubo un tiempo en que, aunque mi senda era dura,
	este júbilo en mis adentros retozaba con la congoja,
y todos mis infortunios no eran sino como la materia
	con que la fantasía creaba sueños de felicidad:
pues la esperanza crecía a mi alrededor, como la vid enredada,
y frutos y follajes que míos no eran, míos parecían.
Pero ahora las aflicciones me doblan a la tierra:
no me cuido de que me roben mi alegría,
		pero, oh, cada visita
suspende lo que la naturaleza me dio al nacer,
	mi espíritu modelador de imaginación.
Para no pensar en lo que debería sentir,

But to be still and patiet, all I can!
And haply by abstruse research to steal
From my own nature all the natural man
This was my sole resource, my only plan:
Till that which suits a part infects the whole,
And now is almost grown the habit of my soul.

VII

Hence, viper thoughts, that coil around my mind,
Reality's dark dream!
I turn from you, and listen to the wind,
Which long has raved unnoticed. What a scream
Of agony by torture lengthen'd out
That lute sent forth! Thou wind, that ravest without,
Bare crag, or mountain-tairn[1], 'or blasted tree,
Or pine-grove whiter woodman never clomb,
Or lonely house, long held the witches' home,
Methinks were fitter instruments for thee,
Mad Lutanist! who in this month of showers,
Of dark brown gardens, and of peeping flowers,
Makest Devils' yule, with worse than wintry song,
The blossoms, buds, and timorous leaves among.

---

[1] *Tairn is a small lake, generally if not always applied to the lakes up in the mountains, and which are the feeders of those in the valleys. This address to the Storm-wind will not appear extravagant to those who have heard it at night, and in a mountainous country.*

sino quedarme callado y ser paciente, todo lo que pueda;
y quizá por abstrusa búsqueda hurtar
de mi propia naturaleza a todo el hombre natural...
Este era mi único recurso, mi único plan:
que aquello que bien le va a una parte infecte al todo;
ya casi se ha convertido en el hábito de mi alma.

VII

Así, pensamientos viperinos, que se arrollan a mi mente,
¡oscuro sueño de la realidad!
Te doy la espalda y escucho al viento,
que ha delirado desde hace tiempo inadvertido ¡Qué grito
de agonía por la tortura prolongado
exhalaba ese laúd! ¡Tú, viento que deliras fuera,
peñasco desnudo, o laguna de montaña[1], o árbol azotado,
o pinar donde el leñador nunca trepó,
o casa solitaria, desde hace tiempo tenida por morada de brujas,
me hacen pensar que eran mejores instrumentos para tí,
loco laudista! que en este mes de lloviznas,
de oscuros y pardos jardines, de flores que brotan,
haces la navidad del diablo, con peor canción que la invernal,
entre las flores, los brotes, y las tímidas hojas.

[1] Tairn es un pequeño lago, palabra aplicada generalmente, aunque no siempre, a los lagos de la montaña, y que alimentan a los lagos de los valles. Esta invocación al viento de tormenta no parecerá extravagante a los que lo hayan oído de noche en una región montañosa. *(Nota del autor.)*

Thou Actor, perfect in all tragic sounds!
Thou mighty Poet, e'en to Frenzy bold!
What tell'st thou now about?
Tis of the rushing of an host in rout,
With groans of trampled men, with smarting wounds…
At once they groan with pain, and shudder with the cold!
But hush! there is a pause of deepest silence!
And all that noise, as of a rushing crowd,
With groans, and temulous shudderings… all is over…
It tells another tale, with sounds less deep and loud!
A tale of less afl'right,
And tempera with delight,
As Otway's self had framed the tender lay,
Tis of a little child
Upon a lonesome wild,
Not far from home, but she hath lost her way:
And now moans low in bitter grief and fear,
And now screams loud, and hopes to make her mother hear.

VIII

Tis midnight, but small thoughts have I of sleep:
Full seldom may my friend such vigils keep!
Visit her, gentle Sleep! with wings of healing,
And may this storm be but a mountain-birth,
May all the stars hang bright above her dwelling,
Silent as though they watched the sleeeping Earth!
With light heart may she rise,
Gay fancy, cheerful eyes,

¡Tú, actor, perfecto en todos los trágicos sonidos!
¡Tú, poderoso poeta, hasta en el frenesí atrevido!
¿Qué cuentas ahora?
De la rapidez de un huésped en fuga,
con gemidos de hombres atrapados, con agudas heridas...
¡A la vez gimen con dolor y tiemblan con el frío!
Pero, ¡silencio! ¡Hay una pausa del silencio más profundo!
Y todo ese ruido como de una multitud apresurada,
con gemidos y palpitantes temblore... Todo se ha acabado...
¡Cuenta otro cuento, con sonidos más hondos y recios!
Un cuento de menos espanto,
y suavizado con deleite,
como si el ser de Oltway hubiera compuesto el tierno lay,
Trata de una niñita,
en el yermo solitario,
no lejos de casa, pero que ha perdido el camino:
y ora gime por lo bajo con amargo dolor y miedo,
y ora grita alto y espera que su madre la escuche.

VIII

Es medianoche, pero poco pensamiento tengo de dormir:
¡que muy pocas veces pueda mi amiga mantener tales vigilias!
¡Visítalas, dulce sueño!, con alas cicatrizantes,
y que esta tormenta no sea sino el nacimiento de una montaña,
¡que todas las estrellas brillen sobre su morada,
calladas como si vigilasen la tierra dormida!
Que con alegre corazón se levante,
fantasía alegre, ojos animados,

Joy lift her spirit, joy attune her voice:
To her may all things live, from Pole to Pole,
Their life the eddying of her living soul!
O simple spirit, guided from above,
Dear Lady! friend devoutest of my choice,
Thus may'st thou ever, evermore rejoice.

que júbilo eleve su espíritu, y júbilo afine su voz:
¡para ella que todas las cosas vivan, de polo a polo,
sus vidas el remanso de su viva alma!
¡Oh, sencillo espíritu, guiado desde lo alto,
querida Señora! ¡Amiga más devota de mi elección,
que puedas así, por siempre y para siempre, regocijarte!

SONNET TO THE RIVER OTTER

Dear native brook! wild streamlet of west!
How many various-fated years have past,
What happy, and what mournful hours, since last
I skimmed the smooth thin stone along thy breast,
Numbering its light leaps! yet so deep imprest
Sink the sweet scenes of childhood, that mine eyes
I never shut amid the sunny ray,
But straight with all their tints thy waters rise,
Thy crossing plank, thy marge with willows grey,
And bedded sand that veined with various dyes
Gleamed Through thy bright transparence! On my way,
Visions of childhood! oft have ye beguiled
Lone manhood's cares, yet waking fondest sighs:
Ah! that once more I were a careless child!

SONETO AL RÍO OTTER

¡Amado arroyo nativo! ¡Salvaje riachuelo del oeste!
    ¡Cuántos años de diverso sino han pasado!,
    ¡qué horas alegres y dolientes desde que por última vez
rocé la suave y fría piedra junto a tu pecho,
enumerando tus ligeros saltos!, sin embargo, tan profundamente
    impresas,
se hunden las dulces escenas de la niñez, que mis ojos
    nunca cierro en medio del rayo soleado,
sin que enseguida con todos sus matices tus aguas surjan,
    tu tablón de cruce, tu margen con sauces grises,
y lecho de arena que jaspeado con diversos tintes
brillaba a través de tu clara transparencia. En mi camino,
    visiones de niñez, a menudo han distraído
las cuitas del hombre solo, sin embargo despertando los
    suspiros más ansiados:
    ¡ah!, ¡que de nuevo fuera niño libre de cuidados!

KUBLA KHAN

OR

A VISION IN A DREAM

The following fragment is here published at the request of a poet of great and deserved celebrity, and as far as the Author's own opinions are concerned, rather as a psychological curiosity, than on the ground of any supposed poetic merits.

In the summer of the year 1797, the Author, then in ill health, had retired to a lonely farm-house between Porlock and Linton, on the Exmoor confines of Somerset and Devonshire. In consequence of a slight indisposition, an anodyne had been prescribed, from the effects of which he fell asleep in his chair at the moment that he was reading the following sentence, or words of the same substance, in «Purchas's Pilgrimage»: «Here the Khan Kubla commanded a palace to be built, and a stately garden thereunto: and thus ten miles of fertile ground were inclosed with a wall.» The author continued for about three hours in a profound sleep, at least of the external senses, during which time he has the most vivid confidence, that he could not have composed less than from two to three hundred lines; if that indeed can be called composition in which all the images rose up before him as things, *with a parallel production of the correspondent expressions, without any sensation or consciousness of effort. On awaking he appeared to himself to have a distinct recollection of the whole, and taking his pen,*

KUBLA KHAN
O
VISIÓN EN MEDIO DE UN SUEÑO

Publico el siguiente fragmento a petición de un poeta de grande y merecida celebridad, pues, en lo tocante a las opiniones del propio autor, lo hago más como una curiosidad psicológica, que en base a cualquier supuesto mérito poético.

En el verano del año 1797, el autor, entonces de salud precaria, retiróse a una solitaria granja que quedaba entre Porlock y Linton, en los confines de Exmoor, entre Somerset y Devonshire. Como consecuencia de una ligera indisposición, le recetaron un calmante, cuyos efectos le hicieron caer dormido en una butaca, en el momento en que leía la siguiente sentencia, o palabras con el mismo contenido, del «Peregrinaje de Purchas»: «Aquí el Khan Kubla ordenó construir un palacio con un jardín majestuoso además: y de esta forma quedaron encerrados por una muralla diez millas de terreno fertil.» Durante tres horas, el autor continuó durmiendo profundamente, por lo menos, sus sentidos externos, durante las cuales estuvo la más vívida certeza de haber compuesto no menos de doscientos o trescientos versos; si tal cosa en realidad puede ser llamada composición, en la cual todas las imágenes surgieron ante él como *objetos,* con la creación paralela de sus correspondientes expresiones, sin ninguna sensación o conciencia de esfuerzo. Al despertar le pareció tener un claro recuerdo de todo, y tomando pluma,

ink, and paper, instantly and eagerly wrote down the lines that are here preserved. At this moment he was unfortunately called out by a person on business from Porlock, and detained by him above an hour, and on his return to his room, found to his no small surprise and mortification, that though he still retained some vague and dim recollection of the general purport of the vision, yet, with the exception of some eight or ten scattered lines and images, all the rest had passed away like the images on the surface of a stream into which a stone had been cast, but, alas! without the after restoration of the latter:

Then all the charm
Is broken… all that phantom-world so fair
Vanishes, and a thousand circlets spread,
And each mis-shape the other. Stay awhile,
Poor youth! who scarcely darest lift up thine eyes…
The stream will soon renew its smoothness, soon
The visions will return! And lo, he stays,
And soon the fragments dim of lovely forms
Come trembling back, unite, and now once more
The pool becomes a mirror.

Yet from the still surviving recollections in his mind, the Author has frequently purposed to finish for himself what had been originally, asit were,given to him. αμεροναδιονασω, *but the tomorrow is yet to come.*

As a contrast to this vision, I have annexed a fragment of a very diferent character, describing with equal fidelity the dream of pain and disease. (Note to the first Edition, 1816.)

tinta y papel al instante, ávidamente escribió los versos que aquí quedan preservados. En ese momento, por desgracia, fue solicitado por una persona de Porlock por asuntos de negocios, quien se quedó más de una hora, y al regresar a su habitación diose cuenta, con no poca sorpresa y mortificación por su parte, que, aunque todavía retenía un vago y pálido recuerdo del sentido general de la visión, sin embargo, con la excepción de unos ocho o diez versos e imágenes dispersas, todo el resto había desaparecido como las imágenes de la superficie de un río, en el cual se hubiese arrojado una piedra, pero ¡ay!, sin el posterior regreso de aquéllas:

Entonces todo el encanto
se rompe... todo ese mundo fantasmal tan hermoso
desaparece, y se extienden mil círculos,
y cada uno deforma al otro. Quédate un rato,
pobre juventud!, que apenas atreves a elevar tus ojos...
¡La corriente pronto renovará su tersura, pronto
regresarán las visiones! Y mirad, se queda,
y pronto los fragmentos pálidos de formas hermosas
vuelven temblando, únense y de nuevo ya
la laguna se vuelve un espejo.

Sin embargo, con el recuerdo que aún sobrevivía en su mente, el autor se ha propuesto frecuentemente terminar para si, lo que originalmente, por decirlo así, le fue otorgado. αμερναδιονασω, pero aún está por venir el mañana.

Como contraste a esta visión, he incluido un fragmento de carácter muy diferente, que descibre con igual fidelidad, el sueño del dolor y la enfermedad. (Nota a la primera edición, 1816.)

KUBLA KHAN

In Xanadu did Kubla Khan
A stately pleasure-dome decree:
Where Alph, the sacred river, ran
Through caverns measureless to man
        Down to a sunless sea.
So twice five miles of fertile ground
With walls and towers were girdeled round:
And here were gardens bright with sinuous rills,
Where blossomed many an incense-bearing tree;
And here were forests ancient as the hills,
Enfolding sunny spots of greenery.

But oh! that deep romantic chasm which slanted
Down the green hill athwart a cedarn cover!
A savage place! as holy and enchanted
As e'er beneath a waning moon was haunted
By woman wailing for her demon-lover!
And from this chasm, with ceaseless turmoil seething,
As if this earth in fast thick pants were breathing,
        A mighty fountain momently was forced:
Amid whose swift half-intermitted burst
Huge fragments vaulted like rebounding hail,
Or chafFy grain beneath the theresherss flail:
And'mid these dancing rocks at once and ever
It flung up momently the sacred river.

KUBLA KHAN

En Xanadú, Kubla Khan
mandó lcvantar un rcal palacio de recreo:
por donde el Alfa, río sagrado, corría
por cavernas inconmensurables para el hombre
hacia un mar sin soles.
Así dos veces cinco millas de fértil tierra
con murallas y torres fueron ceñidas:
y jardines había aquí brillantes con sinuosos riachuelos,
donde florecían muchos árboles portadores de incienso;
y había aquí bosques ancianos como las colinas,
que abrazaban soleados parajes de verdor.

Mas, ¡Oh, esa honda grieta fantástica que se inclinaba
bajo la verde colina a través de un refugio de cedros!
¡Salvaje sitio!, ¡tan sagrado y hechizado
como el que siempre bajo una luna menguante rondaba
una mujer que se lamentaba de su amante-demonio!
Y desde esta grieta, con incesante agitación bullente,
como si esta tierra con rápidos y pesados jadeos respirase,
forzóse al instante a que brotara una fuente poderosa;
entre cuyos raudos estallidos medio intermitentes
enormes fragmentos enlazábanse como granizo rebota,
o pajizo grano bajo el maza¡ del trillador:
y en medio de estas rocas danzantes, de súbito y para siempre
lanzóse al instante al río sagrado.

Five miles meandering with a mazy motion
Through wood and dale the sacred river can,
Then reached the caverns measureless to man,
And sank in tumult to a lifeless ocean:
And 'mid this tumult Kubla heard from far
Ancestral voices prophesying war!
The shadow of the dome of pleasure
Floated midway on the waves;
Where was heard the mingled measure
From the fountain and the caves.
It was a miracle of rare device,
A sunny pleasure-dome with caves of ice!
A damsel with a dulcimer
In a vision once I saw:
It was an Abyssinian maid,
And on her dulcimer she played,
Singing of Mount Abora.
Could I revive within me
Her symphony and song,
To such a deep delight 'twould win me,
That with music loud and long,
I would build that dome in air,
That sunny dome! those caves of ice!
And all who herad should see them there,
And all should cry, Beware! Beware!
His flashing eyes, his floating hair!
Weave a circle round him thrice,
And close your eyes with holy dread,
For he on honey-dew hath fed,
And drank the milk of Paradise.

Cinco millas serpenteando con un movimiento intrincado
por bosques y cañadas el río sagrado corría,
y luego llegaba a las cavernas inconmensurables para el hombre,
y en tumulto hundíase en el océano apagado:
¡y en medio de este tumulto, oyo Kubla desde lejos
voces ancestrales que profetizaban guerra!
La sombra del palacio de recreo
flotaba entre las olas;
donde se oía el compás mezclado
de la fuente y las cavernas.
¡Era un prodigio de singular artificio;
un soleado palacio de recreo con cuevas de hielo!
Una damisela con un dulcémele
en una visión un día contemplé:
era una doncella abisinia
y en el dulcémele tocaba,
cantando sobre el Monte de Aboré.
Si revivir pudiera dentro de mí
su consonancia y su canción,
con tanto deleite me ganaría
que con música fuerte y duradera,
construiría ese palacio en el aire,
¡ese soleado palacio! ¡Esas cuevas de hielo!
y todos los que escuchasen allí los verían,
y gritarían: ¡Tened cuidado! ¡Tened cuidado!
¡De esos ojos encendidos, esos cabellos flotantes!
En torno suyo urdid un círculo tres veces,
y cerrad los ojos con temor sagrado:
porque él se alimentaba con miel primera,
y bebía la leche del Paraíso.

THE PAINS OF SLEEP

Ere on my bed my limbs I lay,
It hath not been my use to pray
With moving lips or bended knees;
But silently, by slow degrees,
My spirit I to Love compose,
In humble trust mine eyelids close,
With reverential resignation,
No wish conceived, no thought exprest!
Only a sense *of supplication.*
A sense o'er all my soul imprest
That I am weak, yet not unblest,
Since in me, round me, everywhere
Eternal Strength and Wisdom are.

But yesternight I pray'd aloud
In anguish and in agony,
Up-starting from the fiendish crowd
Of shapes and thoughts that tortured me:
A lurid light, a trampling throng,
Sense of intolerable wrong,
And whom I scorned, those only strong!
Thirst of revenge, the powerless will
Still baflled, and yet burning still!
Desire with loathing strangely mixed
On wild or hateful objects fixed.

LOS DOLORES DEL DORMIR

¡Antes de que sobre el lecho descanse los miembros,
no ha sido mi costumbre rezar
con labios emocionados o rodillas dobladas;
sino calladamente, paso a paso,
mi espíritu yo al amor sosiego,
con confianza humilde mis párpados cierro,
con resignación reverencia¡,
sin concebir deseo, ni expresar pensamiento!
Sólo un *sentido* de súplica.
Un sentido sobre toda el alma impreso
que soy débil, sin embargo no maldito,
ya que en mí, a mi alrededor, por todas partes
están la fortaleza y sabiduría eternas.

Pero ayer por la noche recé en voz alta
con angustia y con agonía,
desde la multitud demoníaca
de formas y pensamientos que me torturaban:
¡rojiza luz, atropellante tropel,
sentimiento de mal intolerable,
y a quienes despreció, sólo esos fuertes!
¡Sed de venganza, la voluntad impotente
aún confundida y, sin embargo, ardiendo aún!
Deseo con aversión extrañamente mezclado,
establecido sobre salvajes u odiosos objetos.

Fantastic passions! maddening brawl!
And shame and terror over all!
Deeds to be hid which were not hid,
Which all confused I could not Know
Whether I suffered, or I did:
For all seem'd guilt, remorse or woe,
My own or others still the same
Life-stifling fear, soul-stifling shame.

So two nights passed: the night's dismay
Saddened and stunned the coming day.
Sleep, the wide blessing, seemed to me
Distempers's worst calamity.
The third night, when my own loud scream
Had waked me from the fiendish dream,
O'ercome with suflerings strange and wild,
I wept as I had been a child;
And having thus by tears subdued
My anguish to a milder mood,
Such punishments, I said, were due
To natures deepliest stained with sin:
For ay entempesting anew
The unfathomable hell within
The horror of their deeds to view,
To know and loathe, yet wish and do!
Such griefs with such men well agree,
But wherefore, wherefore fall on me?
To be beloved is all I need,
And whom I love, I love indeed.

¡Fantásticas pasiones! ¡Reyerta enloquecedora!
¡Y vergüenza y terror sobre todo!
Acciones para ser escondidas no estaban escondidas,
que todo confundido no sabía yo
si las había sufrido o infligido:
pues todo parecía culpa, remordimiento o pena,
las mías propias o las de otros eran el mismo
temor que ahoga la vida, vergüenza que ahoga el alma.

Así pasaron dos noches: el desmayo de la noche
entristecía y aturdía el día que llegaba.
Dormir, la vasta bendición, me parecía
la peor calamidad de la destemplanza.
La tercera noche, cuando mi propio grito fuerte
me despertó del sueño diabólico,
dominado por sufrimientos extraños y salvajes,
lloré como si hubiera sido un niño;
y habiendo así vencido por las lágrimas
mi angustia, hacia un ánimo más templado,
tales castigos, dije, eran debidos
a las naturalezas más profundamente manchadas por el pecado:
pues siempre agita de nuevo
el infierno insondable dentro
el horror de sus acciones a la vista,
para conocerlas y aborrecerlas; sin embargo, ¡desearlas y hacerlas!
Tales dolores con tales hombres bien se acuerdan,
pero, ¿por qué, por qué caen sobre mí?
Ser amado es todo lo que necesito,
y a quien amo, en verdad amo.

SONG

(FROM ZAPALAYA, ACT II, ESCENE 1)

A sunny shaft did I behold,
From sky to earth it slanted:
And poised therein a bird so bold-
Sweet bird, thou wert enchanted!

He sunk, he rose, he twinkled, he trolled
Within that shaft of sunny mist;
His eyes of fire, his beak of gold,
All else of amethyst!

And thus he sang: —Adieu! adieu!
Love's dreams prove seldom true.
The blossoms, they make no delay:
The sparkling dewdrops will not stay.
Sweet month of May;
We must away;
Far, far away!
To-day! to-day!

CANCION DE GLICINA[1]

Un rayo soleado contemplaba,
del cielo a la tierra caía sesgado,
y allí posado un pájaro muy atrevido:
¡dulce pájaro, estabas encantado!

Hundíase y surgía, aleteaba, cantaba,
dentro del rayo de neblina soleada;
sus ojos de fuego, su pico de oro,
y todo el cuerpo de amatista.

Y así cantaba: —¡Adiós! ¡Adiós!
Los sueños de amor raramente se encarnan.
Las flores no hacen por perdurar;
las brillantes gotas de rocío no durarán.
¡Dulce mes de mayo,
tenemos que irnos,
muy, muy lejos!
¡Hoy! ¡Hoy!

---

[1] De la obra teatral *Zapalaya,* Acto II, Escena I. *(Nota del autor.)*

WORK WITHOUT HOPE

LINES COMPOSED FEBRUARY 21, 1827

All Nature seems at work. Slugs leave their lair-
The bees are stirring... birds are on the wing...
And Winter slumbering in the open air,
Wears on his smiling face a dream of Spring!
And I, the while, the sole unbusy thing,
Nor honey make, nor pair, nor build, nor sing.

Yet well I ken the banks where Amaranths blow,
Have traced the fount whence streams of nectar flow.
Bloom, 0 ye Amaranths! bloom for whom ye may,
For me ye bloom not! Glide, rich streams, away!
With lips unbrightened, wreathless brow, I stroll:
And would you learn the spells that drowse my soul?
Work without Hope draws nectar in a sieve,
And Hope without an object cannot live.

TRABAJO SIN ESPERANZA

Versos compuestos el 21 de febrero de 1827

Toda la naturaleza parece trabajar. Las babosas dejan su cubil,
agítanse las abejas... Vuelan los pájaros...
Y el invierno durmiendo al aire libre,
muestra en su rostro sonriente ¡un sueño de primavera!
y yo,mientras, el único ser desocupado,
ni hago miel, ni pareja, ni construyo, ni canto.

Sin embargo, bien conozco las orillas donde se mecen los amarantos,
he encontrado la fuente de donde manan corrientes de néctar.
Floreced, ¡oh vosotros, amarantos! Floreced para quien queráis,
¡para mí no florezcáis! Deslizaos ricas, ricas corrientes!
Con labios apagados, frente sin laureles, yo paseo:
¿aprenderíais los encantamientos que adormecen mi alma?
Trabajo sin esperanza saca néctar en un tamiz,
y esperanza sin objeto vivir no puede.

YOUTH AND AGE

Verse, a breeze mid blossoms straying,
Where Hope clung feeding, like a bee-
Both were mine! Life went a-maying
With Nature, Hope, and Poesy,
When I was young!
When *I was young? —Ah, woeful When!*
Ah for the change 'twixt Now and Then!
This breathing house not built with hands,
This body that does me grievous wrong,
O'er aery liffs and glittering sands,
How lightly then *it flashed along:*
Like those trim skiffs, unknown of yore,
On winding lakes and rivers wide,
That ask no aid of sail or oar,
That fear no spite of wind or tide!
Nought cared this body for wind or weather
When Youth and I lived in't together.

Flowers are lovely; Love is flower-like;
Friendship is a sheltering tree;
0 the joys, that came down shower-like,
Of Friendship, Love, and Liberty,
Ere I was old!
Ere *I was old? Ah woeful Ere,*
Which tells me, Youth's no longer here!

JUVENTUD Y VEJEZ

Verso, brisa entre flores errante,
donde la esperanza se aferra alimentándose, como abeja,
¡ambas eran mías! La vida celebrando mayo iba.
con naturaleza, esperanza y poesía,
¡cuando yo era joven!
¿*Cuándo* yo era joven? —¡Ay, desdichado cuando!
¡Ay, por el cambio entre ahora y entonces!
Esta casa que respira no construida con manos,
este cuerpo que me inflije lastimoso mal,
sobre aéreos acantilados y cegantes arenas,
cuán fácilmente *entonces* se inflamaba:
como esos esquifes esbeltos, desconocidos antaño,
en arremolinados lagos y anchos ríos,
que ayuda no piden ni de vela ni de remo,
que no temen maldad de viento ni de marea!
De nada se cuidaba este cuerpo del viento ni del tiempo
cuando la juventud y yo en él juntos vivíamos.

Las flores son preciosas; el amor es como las flores;
la amistad es un árbol cobijante;
¡oh los júbilos, que caían como lloviznas,
de la amistad, el amor y la libertad!
¡Antes de que fuera viejo!
¿*Antes* de que fuera viejo? ¡Ay, desdichado antes,
que me dice que ya no hay más juventud!

O Youth! for years so many and sweet,
'Tis known, that Thou and I were one,
I'll think it but a fond conceit...
It cannot be, that Thou art gone!
Thy Vesper-bell hath not yet toll'd:-
And Thou wert ay a masker bold!
What strange disguise hast now put on,
To make believe, that Thou art gone?
I see these locks in silvery slips,
This drooping gait, this altered size:
But Springtide blossoms on thy lips,
And tears take sunshine from thine eyes!
Life is but thought: so think I will
That Youth and I are house-mates still.

¡Oh, juventud! Durante años tan dulce y espléndida,
es sabido que tú y yo éramos uno,
no lo tomaré sino como una presunción querida...
¡No puede ser que tú te hayas ido!
Tu campana vespertina aún no ha doblado:
¡y tú fuiste siempre una máscara osada!
¿Qué extraño disfraz ahora te has puesto,
para fingir que te has ido?
Veo estos rizos en los plateados mechones,
este andar abatido, este vestido alterado:
¡pero flores primaverales en tus labios,
y lágrimas que reflejan el sol desde tus ojos!
La vida no es sino pensamiento: así creeré
que la juventud y yo aún compartimos la misma casa.

EPITAPH

Stop, Christian passer-by!-Stop, child of God,
And read with gentle breast. Beneath this sod
A poet lies, or that which once seem'd he.-
O, lift one thought in prayer for S. T. C.;
That he who many a year with toil of breath
Found death in life, may here find life in death!
Mercy for praise-to be forgiven for fame
He ask'd, and hoped, through Christ. Do thou the same!

EPITAFIO

¡Detente, cristiano caminante! ¡Detente, hijo de Dios,
y lee con manso pecho! Bajo esta tierra
descansa un poeta o eso que una vez lo pareció.
¡Oh, eleva una meditación en plegaria por S. T. C.;
aquel que muchos años con esfuerzo alentando
encontró la muerte en vida, pueda aquí encontrar la vida en
la muerte!
Misericordia por la loa: que sea perdonado por la fama
que pidió y esperó, por medio de Cristo. Haz tú lo mismo.

ÍNDICE